초등영어
쓰기독립

영문법 스타터 2
Grammar Starter

1
단계

재능많은
영어연구소
지음

휴먼H
어린이

초등영어 쓰기독립 1단계
"42일만 따라 하면 문법이 보여요!"

영문법 스타터 구성

 대표 문장과 이미지를 함께 보며 익히는 영문법

아이들이 영문법을 학습할 때 규칙 자체만 외워서는 응용이 쉽지 않습니다. 이 책에서는 가장 기본이 되는 예시 문장으로 규칙을 접하게 하고, 따라 쓰며 익힐 수 있게 구성했습니다. 또한 연관된 두 가지 대표 문장을 나란히 배치해 서로 비교하며 배울 수 있습니다. 문장과 함께 제시되는 이미지는 자연스러운 연상 작용을 도우며, 응용문제를 접할 때 스스로 사고할 수 있도록 도와줍니다.

 확장되는 문법, 가장 효과적인 순서로 배우기

명사 → 대명사 → be동사 → 일반동사 등 문법이 어떻게 확장되고, 문장에 적용되는지 알기 쉬운 순서로 학습이 이루어집니다. 예를 들어, 명사의 형태가 어떻게 변하는지 가장 먼저 배운 뒤, be동사 또는 일반동사 문장에서 다시 명사가 어떻게 쓰이는지 확인하면서 자연스럽게 복습할 수 있습니다.

3 누적 반복 학습으로 문장 완성 연습

규칙을 배우자마자 확인하는 Check up부터 스스로 전체 문장을 써 보기까지 4단계 구성을 통해 누적 반복 학습합니다.

Check up	Exercise 1	Exercise 2	Exercise 3
규칙을 이해했는지 확인하기	문장 속에서 규칙 확인하기	문장에 필요한 요소 채워 넣기	스스로 문장 전체 쓰기

이렇게 만들었어요!

 매일매일 쓰기독립! 자연스럽게 이루어지는 학습 계획

부담 없는 하루 학습량과 명확하고 목표에 맞는 학습 계획으로 집중력 향상과 쓰기 실력 성장을 바로바로 확인할 수 있습니다.

초등영어 쓰기독립 1단계 - 영문법 스타터 1, 2					
학습일	1권		학습일	2권	
1일	Part 1 명사	Unit 1	1일	**Part 1** 명사	Unit 1
2일		Unit 2	2일		Unit 2
3일		Unit 3	3일		Unit 3
		Review			Review
4일	Part 2 대명사	Unit 1	4일	**Part 2** be동사	Unit 1
5일		Unit 2	5일		Unit 2
6일		Unit 3	6일		Unit 3
		Review			Review
7일	Part 3 be동사	Unit 1	7일	**Part 3** 형용사/부사	Unit 1
8일		Unit 2	8일		Unit 2
9일		Unit 3	9일		Unit 3
		Review			Review
10일	Part 4 be동사 부정문	Unit 1	10일	**Part 4** 일반동사와 부정문	Unit 1
11일		Unit 2	11일		Unit 2
12일		Unit 3	12일		Unit 3
		Review			Review
13일	Part 5 be동사 의문문	Unit 1	13일	**Part 5** 일반동사와 의문문	Unit 1
14일		Unit 2	14일		Unit 2
15일		Unit 3	15일		Unit 3
		Review			Review
16일	Part 6 일반동사	Unit 1	16일	**Part 6** 여러 문장	Unit 1
17일		Unit 2	17일		Unit 2
18일		Unit 3	18일		Unit 3
		Review			Review
19일	Part 7 일반동사 부정문 / 의문문	Unit 1	19일	**Part 7** 의문사	Unit 1
20일		Unit 2	20일		Unit 2
21일		Unit 3	21일		Unit 3
		Review			Review

초등영어 쓰기독립 1단계

영문법 스타터 특징

1 문법 규칙 비교하며 이해하기

서로 연관된 문법 규칙을 나란히 비교하며 배울 수 있습니다. 대표 문장으로 먼저 만나고, 이미지로 빠르게 비교해 보며 쉽게 익힙니다.

2 연습 문제로 규칙 확인하기

간단한 연습 문제를 통해 문법 규칙을 이해했는지 바로바로 확인할 수 있습니다.

4

이렇게 배워요!

3 문장 연습으로 응용하기

한 단계 높은 수준의 문제를 통해 진짜 쓰기를 위한 문법 훈련을 할 수 있습니다. 문장의 의미와 형태를 파악하고, 단계적으로 문장을 완성해 보며 마지막에는 스스로 전체 문장을 쓸 수 있습니다.

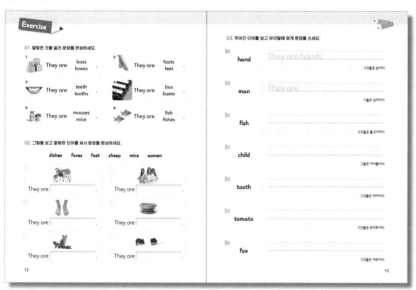

4 파트 총정리 - 누적 반복 훈련

알맞은 단어를 골라내거나, 주어진 단어로 문장을 써 보면서 파트 내용을 기억합니다.
틀린 문장을 찾아낼 수 있는 눈도 기를 수 있습니다. 워크북을 활용해 단어와 문장을 복습하고,
음원을 들으며 딕테이션(받아쓰기)도 할 수 있습니다.

QR코드를 찍으면 오늘 배운 내용을
원어민의 정확한 발음으로 들을 수 있어요!

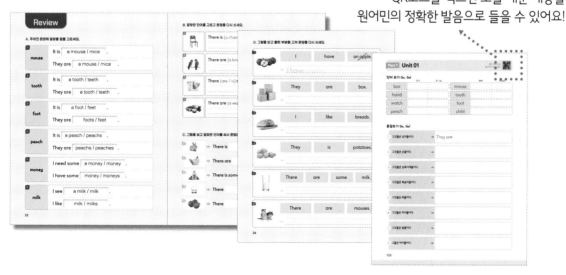

초등영어
3단계만 따라 하면
쓰기독립이 된다!

하루 15분

1단계
기초 문법

영문법 스타터 1, 2

2단계
문장 쓰기

문장쓰기 1, 2

3단계
긴 글 쓰기

글쓰기 스타터

1단계 **영문법 스타터 1, 2**   42일만 따라 하면 문법이 보인다

기초 문법

문법 규칙 1
명사·대명사·동사

문법 규칙 2
명사·형용사·부사
동사·의문사

기초 문법으로 문장 쓰기!
초등 영문법 학습

문법 규칙: 품사1

규칙 변화

규칙으로 문장 조립

문장 쓰기

1단계 문법 이해하고 문장 쓰기

문법 규칙: 품사2

규칙 변화와 확장

규칙으로 문장 조립

문장 쓰기

1단계 문법 이해하고 문장 쓰기

2단계 문장 쓰기 1, 2

33일만 따라 하면 문장 쓰기가 된다

문장 쓰기

문장 연습 1
문장 패턴

문장 연습 2
문장 구조

한 문장에서 짧은 글쓰기까지!
필수 문장 패턴과 문장 구조로 쓰기

문장 패턴

주제 단어

문장 쓰기

짧은 글 바꿔 쓰기

2단계 초등 문장 패턴 익히기

문장 구조

동사·자주 쓰는 단어

문장 쓰기

짧은 글 바꿔 쓰기

2단계 문장 구조 이해하고 쓰기

3단계 글쓰기 스타터

20일만 따라 하면 긴 글 쓰기가 된다

긴 글 쓰기

쓰기 첫 독립
주제별 글쓰기

이제 긴 글도 혼자서 척척!
초등 3,4학년 주제 글쓰기

주제별 글 읽기

핵심 문장 파악

문장 바꿔 쓰기

자기 글쓰기

3단계 스스로 글쓰기 도전!

초등영어 쓰기독립 1단계
영문법 스타터 2

명사+(e)s

chair 의자
tomato 토마토
watch 손목시계
peach 복숭아

셀 수 있는/없는 명사

church 교회
bread 빵
sugar 설탕
money 돈

불규칙 복수형

mouse 쥐
sheep 양
child 아이
tooth 치아

There is/are~

tree 나무
milk 우유
water 물
fish 물고기

PART 1
명사

이름을 말하는 명사는 셀 수 있는 명사와
셀 수 없는 명사로 나눌 수 있어요.

Unit 01
월   일   나의 평가는? ☆☆☆☆☆

둘 이상의 명사는 〈명사+(e)s〉 규칙으로 쓰지만 a child → children, a sheep → sheep처럼 일부 단어가 불규칙하게 변하는 것을 배울 거예요.

Unit 02
월   일   ☆☆☆☆☆

명사는 하나, 둘 셀 수 있는 명사와 셀 수 없는 명사로 구별해서 쓰는 규칙을 배울 거예요.

Unit 03
월   일   ☆☆☆☆☆

명사의 개수에 따라 There is, There are로 쓰는 규칙을 배울 거예요.

둘 이상이면 -(e)s를 써요

a fox   foxes

They are foxes.

 **명사(e)s**

동물, 사람, 사물 등이 여럿일 때 **명사(e)s**로 써요.
명사가 **o, s, x, ch, sh**로 끝나면 **-es**를 붙여요.

하나	둘 이상
a dog 개 한 마리	**dogs** 개 여러 마리

a dog → dogs   a tomato → tomatoes
a book → books   a bus → buses
a hand → hands   a box → boxes
a chair → chairs   a watch → watches
an orange → oranges   an octopus → octopuses

⊘ Check up 그림을 보고 -s 혹은 -es와 함께 쓰세요.

chair

chairs

hand

orange

box

tomato

bus

-(e)s를 쓰지 않는 단어가 있어요

| a mouse | mice |

They are mice.

여럿일 때 다른 모양

사람, 동물, 사물이 여럿일 때 -(e)s를 붙이지 않고 **명사 모양 그대로** 쓰거나, **모양을 다르게** 바꿔 쓰는 경우가 있어요.

하나	둘 이상
a fish 물고기 한 마리	**fish** 물고기 여러 마리

a + 명사 → 모양 그대로	a + 명사 → 다른 모양
a fish → fish a sheep → sheep a deer → deer	a man → men a mouse → mice a tooth → teeth a woman → women a foot → feet a child → children

✓ Check up 그림을 보고 단어의 모양을 바꿔 쓰세요.

mouse

mice

child

man

tooth

foot

woman

11

01. 알맞은 것을 골라 문장을 완성하세요.

1 They are [boxs / boxes] .

2 They are [foots / feet] .

3 They are [teeth / tooths] .

4 They are [bus / buses] .

5 They are [mouses / mice] .

6 They are [fish / fishes] .

02. 그림을 보고 알맞은 단어를 써서 문장을 완성하세요.

dishes   foxes   feet   sheep   mice   women

They are _____ .

They are _____ .

They are _____ .

They are _____ .

They are _____ .

They are _____ .

03. 주어진 단어를 보고 우리말에 맞게 문장을 쓰세요.

1 hand

They are hands.

그것들은 손들이다.

2 man

They are   .

그들은 남자들이다.

3 fish

그것들은 물고기들이다.

4 child

그들은 어린이들이다.

5 tooth

그것들은 치아들이다.

6 tomato

그것들은 토마토들이다.

7 fox

그것들은 여우들이다.

셀 수 있을 때, 단어 뒤에 **-(e)s**를 써요

a cup | cups

I have cups.

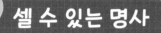 **셀 수 있는 명사** 하나, 둘 셀 수 있는 명사는 하나일 때는 **<a + 명사>**,
둘 이상은 **명사(e)s**로 써요.

하나	둘 이상
a ball 공 한 개	**ball**s 공 여러 개	

명사의 형태	복수	예
대부분의 명사	+s	books, desks, pens, cups, flowers
-o, -s, -x, -sh, -ch	+es	buses, boxes, dishes, churches

✓ Check up 그림을 보고 a(an) 혹은 -s를 골라 함께 쓰세요.

rabbit	egg	banana
a rabbit		

rabbit	egg	banana

단어 뒤에 **-(e)s**를 쓸 수 없어요

breads | **bread**

I like bread.

 셀 수 없는 명사 모양이 달라지거나 너무 많아서 셀 수 없는 명사는
<a + 명사>나 **-(e)s**를 쓸 수 없어요.

a(n)을 쓸 수 없어요

∅ bread

-(e)s를 쓸 수 없어요

bread∅

셀 수 있는 명사	셀 수 없는 명사
앞에 a(n)을 써요. **a book**	a(an)을 쓸 수 없어요. ∅ water → water
여럿은 -(e)s를 써요. **books**	복수형이 없어요. water∅ → water

✓Check up 그림을 보고 알맞은 것을 골라 쓰세요.

(milk) / a milk

milk

water / a water

a cheese / cheese

sugar / sugars

juices / juice

money / moneys

15

01. 알맞은 단어를 골라 V 하세요.

1

- ☐ a sugar
- ☐ sugar

2

- ☐ a cheese
- ☐ cheese

3

- ☐ money
- ☐ moneys

4

- ☐ rabbit
- ☐ rabbits

5

- ☐ a chair
- ☐ chair

6

- ☐ butter
- ☐ butters

02. 그림을 보고 알맞은 것을 골라 문장을 완성하세요.

1

I like
- ☐ a milk
- ☐ milk
.

2

I like
- ☐ a bread
- ☐ bread
.

3

I like
- ☐ juice
- ☐ juices
.

4

I like
- ☐ an orange
- ☐ oranges
.

5

I like
- ☐ cheese
- ☐ cheeses
.

6

I like
- ☐ a ball
- ☐ balls
.

03. 주어진 단어를 보고 우리말에 맞게 문장을 쓰세요.

1

banana

I like bananas.

나는 바나나들을 좋아한다.

2

bread

나는 빵을 좋아한다.

3

sugar

I need   .

나는 설탕이 필요하다.

4

money

나는 돈이 필요하다.

5

ant

I see

나는 개미들을 본다.

6

milk

나는 우유를 좋아한다.

7

cup

나는 컵들이 필요하다.

하나일 때 **There is**를 써요

a tree	trees

There is a tree.

 There is~는 '~이 있다'라는 의미로 그 뒤에 하나의 사람, 동물, 사물이나
셀 수 없는 명사가 와요.

하나	셀 수 없는 명사

There is **a dog.**
개 한 마리가 있다.

There is **some milk.**
우유가 약간 있다.

 그림을 보고 There is와 함께 쓰세요.

a bird

There is a bird.

a chair

some water

some money

여럿일 때 **There are**를 써요

an ant	ants

There are ants.

 There are — There are~는 '~(들)이 있다'라는 의미로 그 뒤에 여러 사람, 동물, 사물이 와요.

여럿

There are rabbits.
토끼들이 있다.

There is, There are의 차이를 기억하세요.	
There is	<a + 명사>
	셀 수 없는 명사
There are	명사(e)s

Check up 그림을 보고 There are와 함께 쓰세요.

birds

There are birds.

chairs

_____

children

_____

some apples

_____

19

01. 알맞는 단어를 골라 V 하세요.

1
☐ There is
☐ There are
a cat.

2
☐ There is
☐ There are
chairs.

3
☐ There is
☐ There are
apples.

4
☐ There is
☐ There are
milk.

5
☐ There is
☐ There are
onions.

6
☐ There is
☐ There are
a bag.

02. 그림을 보고 알맞은 것을 골라 문장을 완성하세요.

1 ☐ There is ☐ There are a bird.

2 ☐ There is ☐ There are children.

3 ☐ There is ☐ There are some water.

4 ☐ There is ☐ There are elephants.

5 ☐ There is ☐ There are some books.

03. 주어진 단어를 사용해 There is/There are로 시작하는 문장을 쓰세요.

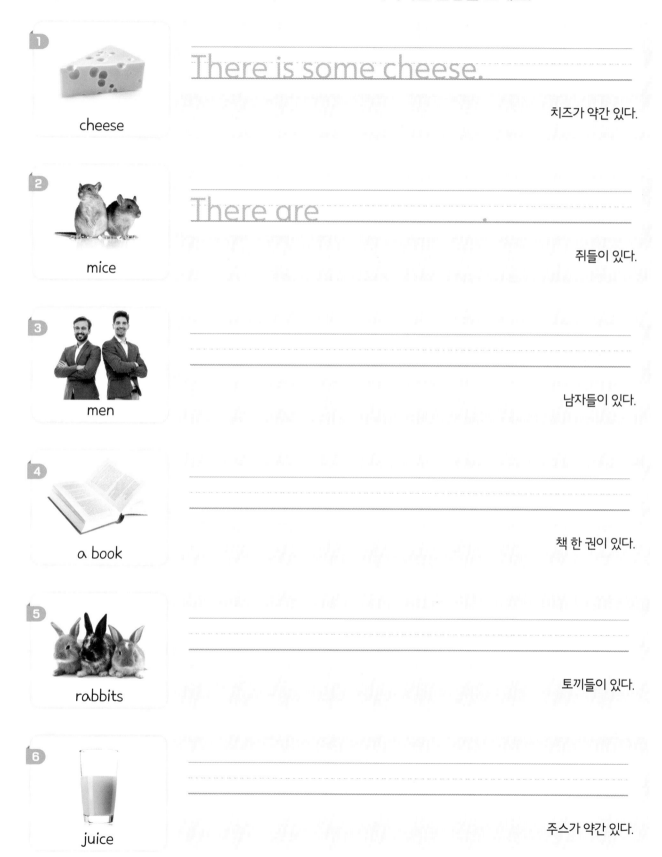

1 cheese

There is some cheese.

치즈가 약간 있다.

2 mice

There are

쥐들이 있다.

3 men

남자들이 있다.

4 a book

책 한 권이 있다.

5 rabbits

토끼들이 있다.

6 juice

주스가 약간 있다.

Review

A. 주어진 문장에 알맞을 말을 고르세요.

1 mouse

It is   a mouse / mice   .

They are   a mouse / mice   .

2 tooth

It is   a tooth / teeth   .

They are   a tooth / teeth   .

3 foot

It is   a foot / feet   .

They are   foots / feet   .

4 peach

It is   a peach / peachs   .

They are   peachs / peaches   .

5 money

I need some   a money / money   .

I have some   money / moneys   .

6 milk

I see   a milk / milk   .

I like   milk / milks   .

B. 알맞은 단어를 고르고 문장을 다시 쓰세요.

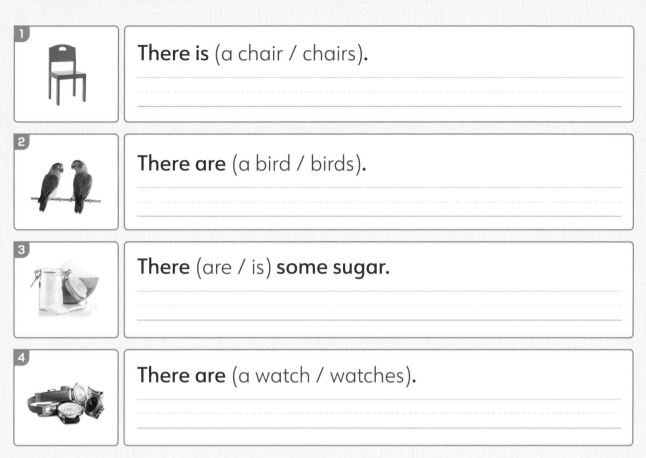

1. There is (a chair / chairs).

2. There are (a bird / birds).

3. There (are / is) some sugar.

4. There are (a watch / watches).

C. 그림을 보고 알맞은 단어를 써서 문장을 완성하세요.

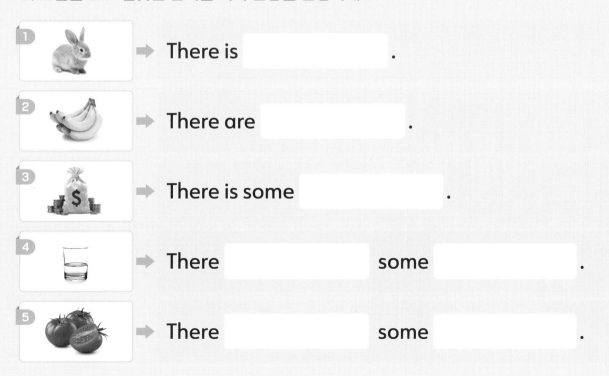

1. There is _____ .

2. There are _____ .

3. There is some _____ .

4. There _____ some _____ .

5. There _____ some _____ .

D. 그림을 보고 틀린 부분을 고쳐 문장을 다시 쓰세요.

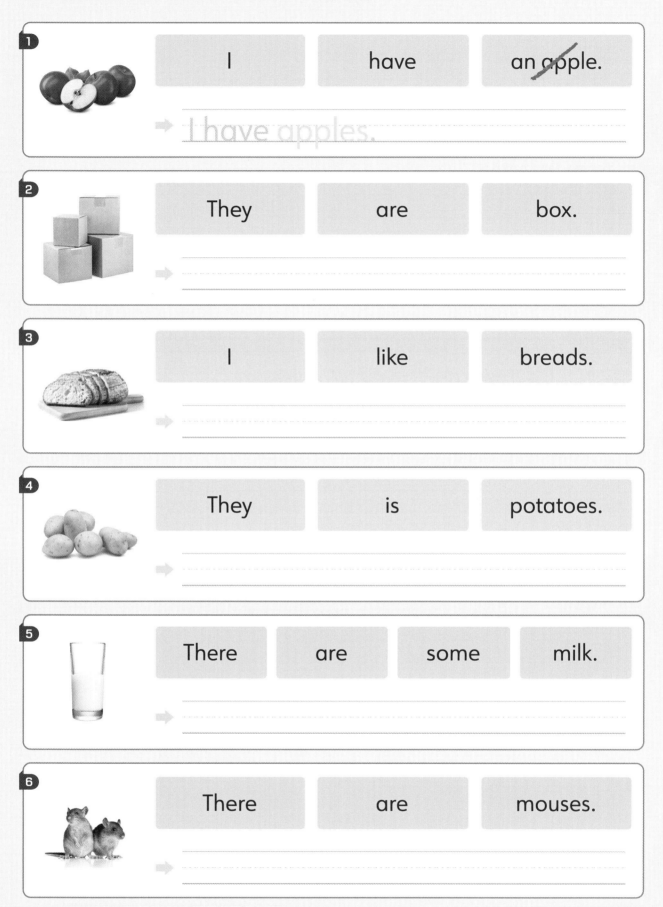

1

| I | have | an ~~apple~~. |

→ I have apples.

2

| They | are | box. |

→

3

| I | like | breads. |

→

4

| They | is | potatoes. |

→

5

| There | are | some | milk. |

→

6

| There | are | mouses. |

→

am, are, is

pilot 조종사
nurse 간호사
rose 장미
penguin 펭귄

~이다

swimmer 수영 선수
tennis player 테니스 선수
animal 동물
crayon 크레용

in, on, under

in ~안에
on ~위에
under ~아래에

~있다

bag 가방
bottle 병
basket 바구니
table 탁자

PART 2
be동사

be동사 am, are, is는 '~이다',
'~에 있다'는 의미로 써요.

나의 평가는?

Unit 01

☐ 월 ☐ 일 ☆☆☆☆☆

be동사 am, are, is가 주어에 따라 어떻게 쓰이는지 그 규칙을 배울 거예요.

Unit 02

☐ 월 ☐ 일 ☆☆☆☆☆

be동사 am, are, is 다음에 오는 말로 직업이나 동식물, 사물 등을 쓰는 규칙을 배울 거예요.

Unit 03

☐ 월 ☐ 일 ☆☆☆☆☆

be동사 am, are, is 다음에 오는 말에 따라 '~이다' 또는 '~에 있다'라는 위치를 나타내는
표현을 배울 거예요.

'~이다'는 **am, are, is**를 써요

I	I am

I am a pilot.

💡 **am, are, is**　주어에 맞게 **am, are, is**를 써요.

주어	be동사	예문	주어	be동사	예문
I	am	I am a student. 나는 학생이다.	He She It	is	He is a student. 그는 학생이다.
You We They	are	We are students. 우리는 학생이다.			

✅ Check up　그림을 보고 am, are 혹은 is를 골라 쓰세요.

I　am a doctor.

You

He

You

We

They

26

하나는 **is**, 여럿은 **are**로 써요

is	are

Jack is a nurse.

is, are 하나(한 명)를 말할 때는 **is**를, **여럿**을 말할 때는 **are**를 써요.

그 새는 펭귄이다.

The bird is a penguin.

내 여동생들은 가수이다.

My sisters are singers.

Check up 그림을 보고 is 혹은 are를 골라 쓰세요.

 The flower _____is_____ a rose.

 The flowers _____ roses.

 The girl _____ a cook.

 The boys _____ cooks.

27

Exercise

01. 알맞은 단어를 골라 연결하세요.

1 The dog _____ small.   •

2 The men _____ chefs.   •

                             •   is

3 My friend _____ Mina.   •

4 Penguins _____ birds.   •

                             •   are

5 The flowers _____ roses.   •

02. 그림을 보고 알맞은 것을 골라 문장을 완성하세요.

1   I ⌐ am   ⌐ are   ⌐ is   **a police officer.**

2   He ⌐ am   ⌐ are   ⌐ is   **my brother.**

3   It ⌐ am   ⌐ are   ⌐ is   **a book.**

4   They ⌐ am   ⌐ are   ⌐ is   **ants.**

5   Joy ⌐ am   ⌐ are   ⌐ is   **a doctor.**

03. 주어진 단어와 be동사를 사용해 문장을 쓰세요.

1

I,
a student

I am a student.

나는 학생이다.

2

Matt,
a doctor

Matt is

매트는 의사이다.

3

We,
family

우리는 가족이다.

4

My mom,
a teacher

나의 엄마는 선생님이다.

5

They,
singers

그들은 가수이다.

6

The boys,
cooks

소년들은 요리사이다.

7

He,
a nurse

그는 간호사이다.

Unit 02 〈am, are, is + 직업〉으로 써요

a cook | cooks

They are cooks.

am, is, are + 직업
한 명 뒤에는 **is**, 여럿일 때는 **are**를 써요.
다만 '나(I)'일 때만 **am**을 쓴다는 것에 주의해요.

am, is+a 직업	I am a scientist.	나는 과학자이다.
	He is a student.	그는 학생이다.
	Matt is a pilot.	매트는 조종사이다.
are+직업s	They are nurses.	그들은 간호사들이다.
	The men are soldiers.	그 남자들은 군인들이다.

Check up 그림을 보고 be동사에 맞게 주어진 단어를 활용해 쓰세요.

swimmer

She is a swimmer.

teacher

They are _____

singer

They are _____

doctor

He is _____

30

a dog	dogs

They are dogs.

is, are + 동식물/사물 앞에 오는 말에 따라 is나 are를 쓰는 것처럼 뒤에 따라오는 말도
is 다음에는 **하나**, **are** 다음에는 **여러 사람, 동식물, 사물** 이름을 써요.

is + a 동식물 / 물건	It is a rose.	그것은 장미다.
	The bird is a penguin.	그 새는 펭귄이다.
	My pet is a dog.	내 애완동물은 개다.
are + 동식물s / 물건s	They are roses.	그것들은 장미들이다.
	Elephants are animals.	코끼리들은 동물들이다.

✔Check up 그림을 보고 be동사에 맞게 주어진 단어를 활용해 쓰세요.

ball

It is a ball.

tomato

They are _____

ant

They are _____

pencil

It is _____

31

01. 알맞는 단어를 골라 V 하세요.

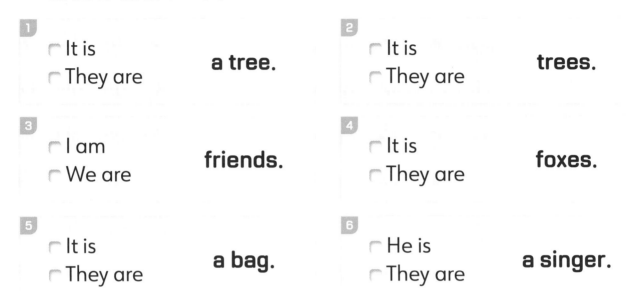

1
- ☐ It is
- ☐ They are
a tree.

2
- ☐ It is
- ☐ They are
trees.

3
- ☐ I am
- ☐ We are
friends.

4
- ☐ It is
- ☐ They are
foxes.

5
- ☐ It is
- ☐ They are
a bag.

6
- ☐ He is
- ☐ They are
a singer.

02. 그림을 보고 알맞은 것을 골라 문장을 완성하세요.

1 ☐ He is   ☐ We are   **a farmer.**

2 ☐ She is   ☐ They are   **firefighters.**

3 ☐ It is   ☐ They are   **crayons.**

4 ☐ It is   ☐ They are   **a bird.**

5 ☐ The cat is   ☐ The cats are   **my pets.**

03. 주어진 단어와 be동사를 사용해 우리말에 맞게 문장을 쓰세요.

1 tennis players

They are tennis players.

그들은 테니스 선수들이다.

2 a bird

It is _____.

그것은 새이다.

3 a swimmer

그녀는 수영 선수이다.

4 roses

그것들은 장미들이다.

5 a scientist

그는 과학자이다.

6 ants

그것들은 개미들이다.

7 bakers

우리들은 제빵사들이다.

'~안에 있다'는 **be**동사 뒤에 **in**을 써요

is	is in

~~It is in~~ **the bag.**

am, is, are + in

사람, 동물 또는 사물이 '**~안에 있다**'고 할 때 in을 사용하여
<**am, is, are + in**>으로 써요.

그것은
병이다.

그것은
병 안에 있다.

It is a bottle.

It is in the bottle.

be동사	~이다	It is a box.	그것은 상자이다.
be동사 + in	~안에 있다	It is in the box.	그것은 상자 안에 있다.

Check up 그림을 보고 주어진 단어를 사용해 in과 함께 쓰세요.

box

It is ~~in the box.~~

basket

It is _____

hat

It is _____

bag

It is _____

'~위에'는 on, '~아래에'는 under를 써요

on | **under**

It is under **the desk.**

on, under 사람, 동물 또는 사물이 '**~위에**' 있다고 할 때는 **on**, '**~아래에**'는 **under**를 써요.

on the chair

의자 위에

의자 아래에

under the chair

| be동사 + on | ~위에 있다 | It is on the sofa. | 그것은 소파 위에 있다. |
| be동사 + under | ~아래에 있다 | It is under the sofa. | 그것은 소파 아래에 있다. |

✔ Check up 그림을 보고 주어진 단어를 사용해 on 혹은 under를 골라 함께 쓰세요.

box

It is ~~on the box.~~

book

It is _____

tree

It is _____

chair

It is _____

35

01. 알맞은 단어를 골라 V 하세요.

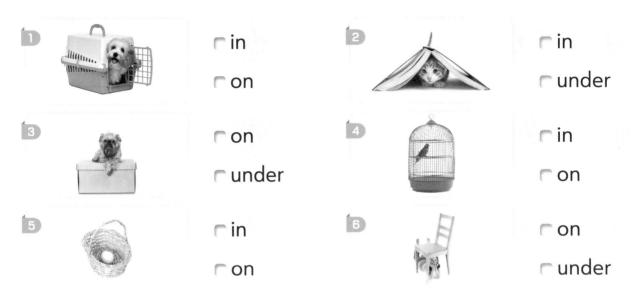

1
☐ in
☐ on

2
☐ in
☐ under

3
☐ on
☐ under

4
☐ in
☐ on

5
☐ in
☐ on

6
☐ on
☐ under

02. 알맞은 단어를 골라 문장을 완성하세요.

1 She is ☐ on ☐ under the umbrella.

2 It is ☐ in ☐ on the book.

3 It is ☐ in ☐ under the box.

4 It is ☐ in ☐ on the bag.

5 They are ☐ in ☐ under the tree.

03. 주어진 단어와 be동사를 사용해 우리말에 맞게 문장을 쓰세요.

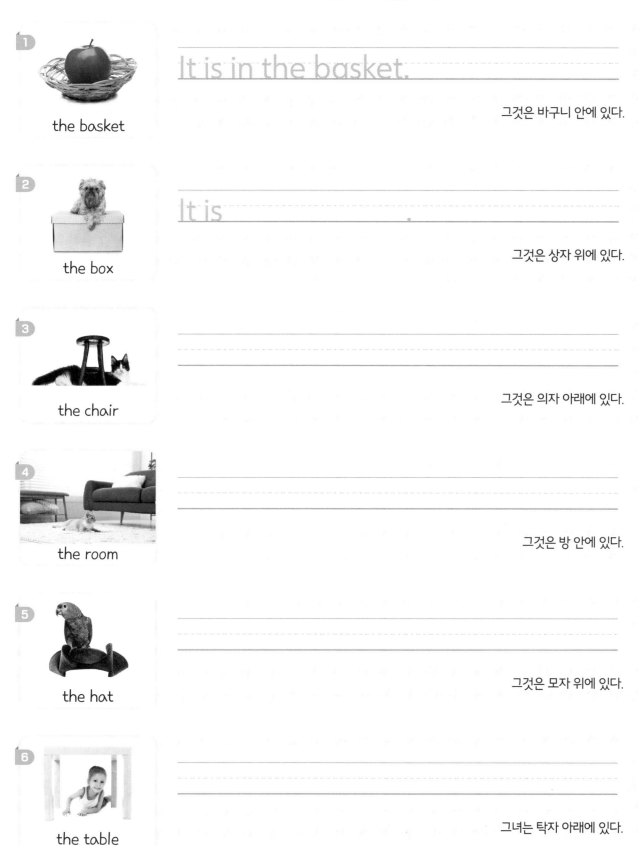

1 the basket

It is in the basket.

그것은 바구니 안에 있다.

2 the box

It is _____.

그것은 상자 위에 있다.

3 the chair

그것은 의자 아래에 있다.

4 the room

그것은 방 안에 있다.

5 the hat

그것은 모자 위에 있다.

6 the table

그녀는 탁자 아래에 있다.

Review

A. 알맞은 단어를 골라 V 하세요.

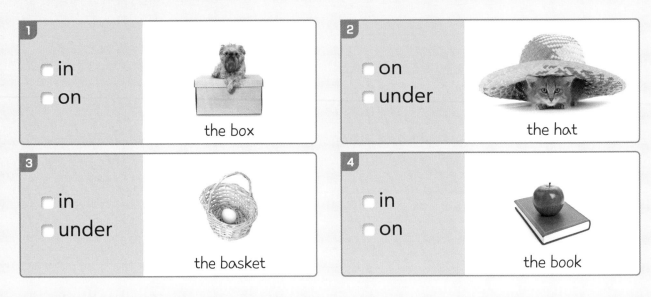

1
☐ in
☐ on
the box

2
☐ on
☐ under
the hat

3
☐ in
☐ under
the basket

4
☐ in
☐ on
the book

B. 알맞은 것을 골라 문장을 완성하세요.

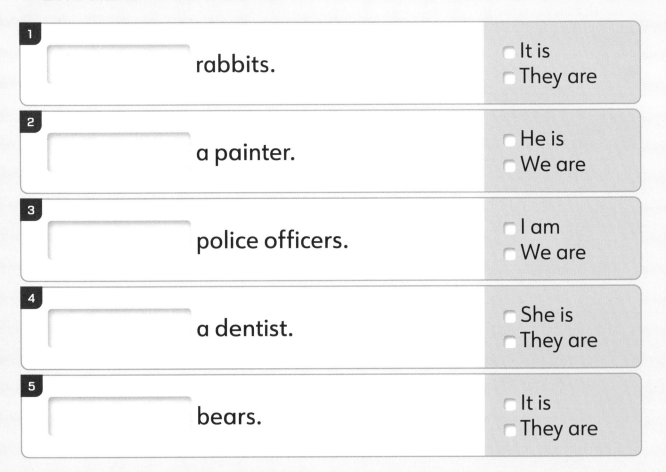

1
| | rabbits. | ☐ It is
☐ They are |

2
| | a painter. | ☐ He is
☐ We are |

3
| | police officers. | ☐ I am
☐ We are |

4
| | a dentist. | ☐ She is
☐ They are |

5
| | bears. | ☐ It is
☐ They are |

C. 그림을 보고 주어진 단어를 이용하여 문장을 쓰세요.

1. They | table

.

2. Cats | bag

.

3. It | umbrella

.

4. She | room

.

D. 알맞은 단어를 고르고 문장을 다시 쓰세요.

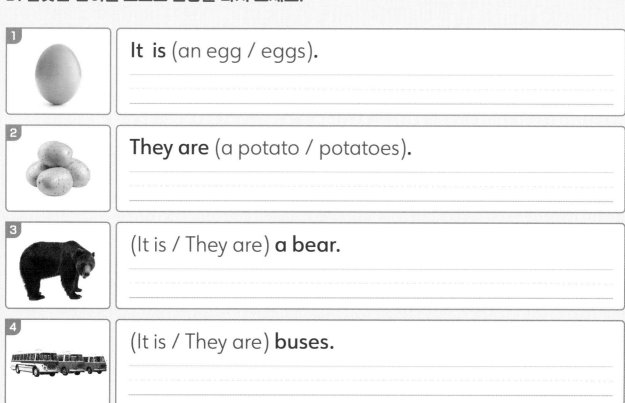

1. **It is** (an egg / eggs).

2. **They are** (a potato / potatoes).

3. (It is / They are) **a bear.**

4. (It is / They are) **buses.**

D. 그림을 보고 틀린 부분을 고쳐 문장을 다시 쓰세요.

1.
| It | is | ~~on~~ the box. |

→ It is in the box.

2.
| I | am | doctors. |

3.
| They | are | an iguana. |

4.
| The cat | is | in the bed. |

5.
| It | is | balls. |

6.
| We | are | a nurse. |

형용사

long 긴
short 짧은
pretty 예쁜
cute 귀여운

반대 형용사

full 배부른
hungry 배고픈
wet 젖은
dry 건조한

-ly

slowly 느리게
sadly 슬프게
happily 행복하게
quickly 빠르게

형용사/부사

fast 빠른/ 빠르게
late 늦은/늦게
high 높은/ 높게

PART 3

형용사/부사

크기, 상태, 감정, 색 등을 나타내는 말을
형용사라고 해요.

Unit 01

나의 평가는?
월 일

형용사는 크기, 상태, 감정, 색 등을 나타내는 말로 be동사와 함께 쓰는 규칙을 배울 거예요.

Unit 02

월 일

형용사가 be동사 다음에 오거나 명사 앞에 오는 문장 규칙을 배울 거예요.

Unit 03

월 일

부사는 -ly 형태로 자주 쓰이며 '~하게'라는 의미로 동사를 꾸며 주는 규칙을 배울 거예요.

형용사는 크기, 상태를 표현해요

big | **small**

It is small.

형용사   동물, 사람, 사물 등의 **크기**, **상태** 등을 나타내는 말을 **형용사**라고 해요.

big
큰

fast
빠른

long
긴

small
작은

slow
느린

short
짧은

문장
정리하기

주어	is / are	형용사
It / They	**is / are**	big.

Check up **그림에 알맞은 형용사를 연결하고 쓰세요.**

short

slow

small

It is short.

42

감정, 색 등의 형용사는 **is, are**와 써요

white | **black**

It is black.

is, are + 형용사 감정, 외모, 색깔 등을 나타내는 형용사를 **is, are** 뒤에 써요.

happy
행복한

pretty
예쁜

yellow
노란, 노란색의

angry
화가 난

cute
귀여운

blue
파란, 파란색의

문장
정리하기

주어	is / are	형용사
It / They	**is / are**	white.

✓ Check up 그림에 알맞은 형용사를 연결하고 쓰세요.

angry

cute

blue

He is angry.

01. 알맞은 단어를 골라 V 하세요.

1. ☐ red ☐ yellow
2. ☐ angry ☐ happy
3. ☐ long ☐ hot
4. ☐ big ☐ cute
5. ☐ black ☐ white
6. ☐ angry ☐ happy

02. 그림을 보고 알맞은 말을 써서 문장을 완성하세요.

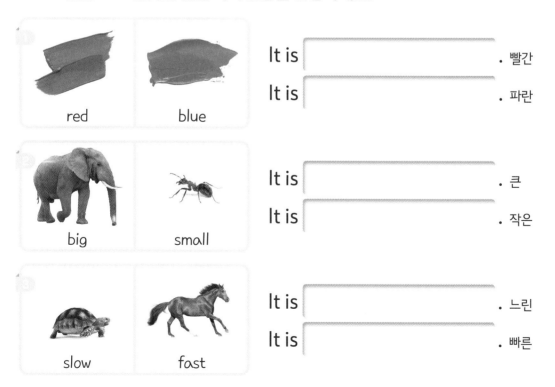

red   blue

It is [   ] • 빨간
It is [   ] • 파란

big   small

It is [   ] • 큰
It is [   ] • 작은

slow   fast

It is [   ] • 느린
It is [   ] • 빠른

44

03. 주어진 단어들을 배열해 우리말에 맞게 문장을 쓰세요.

1

fast.
/is /It

It is fast.

그것은 빠르다.

2

Rabbits
/cute. /are

토끼들은 귀엽다.

3

happy.
/are /We

우리는 행복하다.

4

He
/slow. /is

그는 느리다.

5

is /big.
/The elephant

그 코끼리는 크다.

6

are
/They /blue.

그것들은 파랗다.

7

pretty.
/She /is

그녀는 예쁘다.

full	**hungry**

She is hungry.

반대 의미 형용사 반대 의미를 나타내는 형용사를 알아봐요.

😊	**happy** 행복한		**wet** 젖은		**hot** 뜨거운
😞	**sad** 슬픈		**dry** 마른		**cold** 차가운

문장 정리하기

주어	is / are	형용사
It / They	**is / are**	hot.

Check up 그림에 알맞은 형용사를 연결하고 문장을 쓰세요.

●

●

●

●
sad

●
cold

●
wet

It is sad.

46

형용사는 명사를 꾸며 줄 수 있어요

light | heavy

It is a heavy bag.

형용사 + 명사 형용사는 **명사 앞**에서 꾸며 줄 수 있어요. **a happy boy** (행복한 소년)

light / heavy
가벼운 / 무거운

dirty / clean
더러운 / 깨끗한

old / new
낡은 / 새로운

문장 정리하기

주어	동사	형용사 + 명사
It	**is**	a small dog.
I	**like**	the yellow cup.
They	**are**	hungry lions.

Check up 그림에 알맞은 형용사를 연결하고 문장을 쓰세요.

ball

• light — It is a light feather.

T-shirt

• old

feather

• clean

47

01. 알맞은 단어를 골라 V 하세요.

1
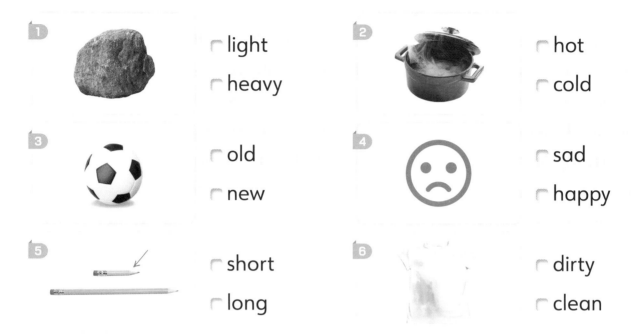
- light
- heavy

2
- hot
- cold

3
- old
- new

4
- sad
- happy

5
- short
- long

6
- dirty
- clean

02. 그림을 보고 보기에서 알맞은 단어를 골라 문장을 완성하세요.

light   hungry   hot   happy

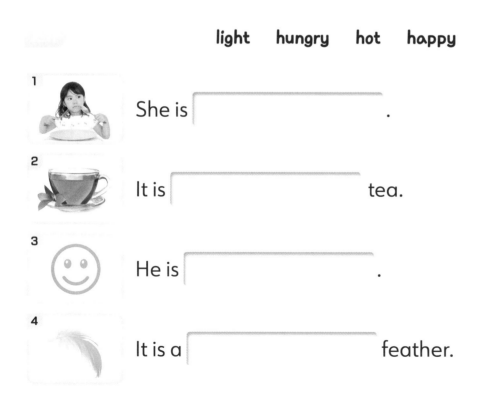

1 She is [   ] .

2 It is [   ] tea.

3 He is [   ] .

4 It is a [   ] feather.

03. 그림을 보고 주어진 단어를 활용해 문장을 쓰세요.

1 long

It is long.

그것은 길다.

2 clean / T-shirt

It is _____.

그것은 깨끗한 티셔츠이다.

3 sad

_____

그는 슬프다.

4 light

_____

그것은 가볍다.

5 old / shoes

_____

그것들은 오래된 신발이다.

6 cold / water

_____

그것은 차가운 물이다.

부사는 동사를 자세히 설명해요

slow   slowly

It moves slowly.

💡 **형용사 + -ly**   <형용사 + -ly>는 '~하게'라는 의미인 **부사**예요. 부사는 **동사를 자세히** 설명해요.

그것은
느리다.

그것은
느리게 움직인다.

It is slow.   It moves slowly.

부사를 만드는 방법을 알아봐요.

대부분 -ly	자음 + y → i + ly	e로 끝나는 경우 → e 빼고 ly
slow → slowly loud → loudly	easy → easily busy → busily	true → truly simple → simply

✅ Check up **그림을 보고 주어진 단어를 활용해 쓰세요.**

happy

happily

sad

loud

quick

busy

같은 모양, 다른 의미를 가진 단어가 있어요

fast	fastly

It moves fast.

 같은 모양 형용사/부사

형용사와 **모양이 같은 부사**도 있어요. 따라서 같은 모양이라도 be동사 다음에는 형용사로 **일반동사 다음에는 부사로** 써요.

fast 빠른 / 빠르게	late 늦은 / 늦게	high 높은 / 높게

 문장 정리하기

주어	동사	형용사 / 부사
She	**is**	late. (늦은)
	comes	late. (늦게)

 그림을 보고 주어진 단어와 함께 쓰세요.

fast

It is fast.

= It runs

late

He is

= He comes

51

01. 그림을 보고 알맞은 단어를 써서 문장을 완성하세요.

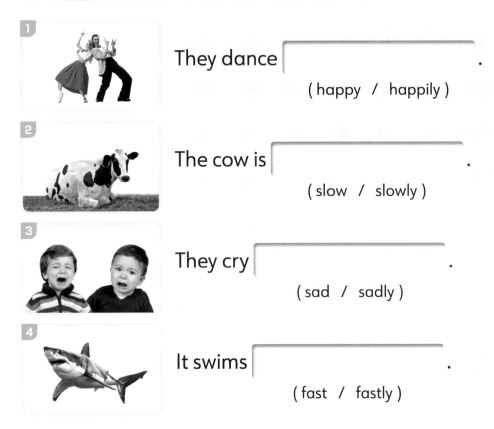

1 They dance _____ .
(happy / happily)

2 The cow is _____ .
(slow / slowly)

3 They cry _____ .
(sad / sadly)

4 It swims _____ .
(fast / fastly)

02. 빈칸에 들어갈 알맞은 단어를 고르고 쓰세요.

1 It is _____ .
그것은 느리다.

⬜ slow
⬜ slowly

2 He sings _____ .
그는 크게 노래한다.

⬜ loud
⬜ loudly

3 They live _____ .
그들은 행복하게 산다.

⬜ happy
⬜ happily

4 I am _____ .
나는 바쁘다.

⬜ busy
⬜ busily

03. 알맞은 단어를 골라 우리말에 맞게 문장을 쓰세요.

1
- ☐ happy
- ☐ happily

They dance happily.

그들은 행복하게 춤춘다.

2
- ☐ slow
- ☐ slowly

They are   .

그것들은 느리다.

3
- ☐ sad
- ☐ sadly

He cries   .

그는 슬프게 운다.

4
- ☐ fast
- ☐ fastly

They swim   .

그것들은 빠르게 수영한다.

5
- ☐ high
- ☐ highly

It jumps   .

그것은 높이 점프한다.

6
- ☐ loud
- ☐ loudly

They sing   .

그들은 크게 노래한다.

7
- ☐ late
- ☐ lately

She is   .

그녀는 늦는다.

Review

A. 알맞은 단어를 골라 V 하세요.

1
- [ ] tall
- [ ] small

2
- [ ] red
- [ ] yellow

3
- [ ] fast
- [ ] cute

4
- [ ] sad
- [ ] happy

5
- [ ] fast
- [ ] slow

6
- [ ] dry
- [ ] wet

7
- [ ] big
- [ ] small

8
- [ ] hot
- [ ] cold

9
- [ ] old
- [ ] new

10
- [ ] dirty
- [ ] cold

11
- [ ] long
- [ ] short

12
- [ ] light
- [ ] heavy

B. 주어진 단어를 순서에 맞게 배열해 문장을 완성하세요.

1. | It | fast | flies |
_____ .

2. | move | slowly | They |
_____ .

3. | happily | He | smiles |
_____ .

C. 알맞은 단어를 고르고 문장을 다시 쓰세요.

1. **It is** (heavy / heavily).
_____

2. **I come home** (late / lately).
_____

3. **My dog is** (happy / happily).
_____

4. **The baby cries** (sad / sadly).
_____

D. 그림을 보고 틀린 형용사/부사를 고쳐 문장을 다시 쓰세요.

1

It	is	~~big.~~

➡ It is small.

2

It	is	slow.

➡

3

It	is	hot tea.

➡

4

It	moves	slow.

➡

5

I	am	happily.

➡

6

They	cry	sad.

➡

일반동사

일반동사

study 공부하다
jump 점프하다
play 놀다
drink 마시다

동사+(e)s

smell 냄새 맡다
watch 보다
wash 씻다
go 가다

do not

need 필요하다
make 만들다
wear 입다, 쓰다
work 일하다

does not

tail 꼬리
hair 털, 머리카락
move 움직이다
speak 말하다

PART 4
일반동사

일반동사가 주어에 어울리게
변화하는 것과 부정문을 만들어 봐요.

Unit 01

 월  일 나의 평가는? ☆☆☆☆☆

일반동사는 '누가'라는 주어가 He, She, It 등일 때 동사가 변하는 문장 규칙을 배울 거예요.

Unit 02

 월  일 ☆☆☆☆☆

be동사의 부정문 1은 동사 다음에 do not을 쓰는 규칙을 배울 거예요.

Unit 03

월 일 ☆☆☆☆☆

be동사의 부정문 2는 '누가'라는 주어가 He, She, It 등일 때 does not을 쓰는 규칙을
배울 거예요.

동작을 나타내는 일반동사를 배워요

see   sees

I see a rabbit.

💡 **일반동사** 일반동사는 '가다, 마시다, 하다'처럼 **동작**이나 '사랑하다, 원하다'처럼 **상태**를 나타내요.

나는
밤에 공부한다.

I study at night.

우리는
여기서 달린다.

We run here.

✏️ 문장
정리하기

주어	일반동사	
I	drink / ~~am~~	milk.

✅ Check up 그림을 보고 You 혹은 They를 골라 주어에 맞게 주어진 단어를 함께 쓰세요.

jump

You jump

make lunch

play

drink

일반동사를 주어와 어울리게 바꿔 써요

smell	smells

It smells flowers.

He/She/It + 동사(e)s

He, She, It이 하는 행동은 **동사s**로 꼭 써야 해요.
동사가 o, s, x, ch, sh로 끝날 때는 **-es**를 붙여요.

일반동사	주어에 따른 일반동사 형태						
	I	you	we	they	he	she	it
eat		eat				eats	
watch		watch				watches	
study		study				studies 〈자음+y〉는 y→i+es로 써요.	

✔ Check up **그림을 보고 He 혹은 She를 골라 주어에 맞게 주어진 단어를 함께 쓰세요.**

jump

He jumps

eat

wash

go to school

59

01. 알맞는 단어를 골라 V 하세요.

1. **He**
   ⬜ watch
   ⬜ watches

2. **I**
   ⬜ wash
   ⬜ washes

3. **She**
   ⬜ do
   ⬜ does

4. **They**
   ⬜ play
   ⬜ plays

5. **They**
   ⬜ go
   ⬜ goes

6. **It**
   ⬜ push
   ⬜ pushes

02. 주어진 단어의 형태를 바꿔 문장을 완성하세요.

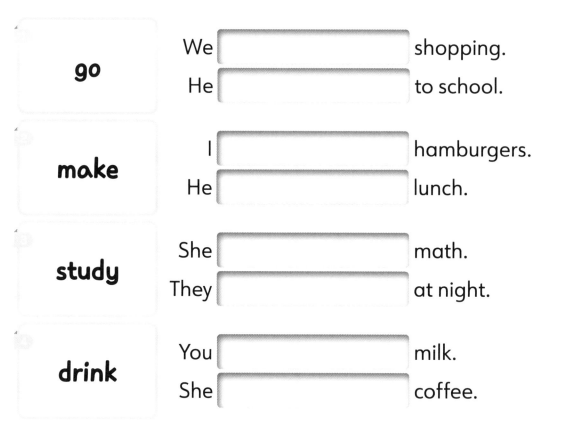

go
We _____ shopping.
He _____ to school.

make
I _____ hamburgers.
He _____ lunch.

study
She _____ math.
They _____ at night.

drink
You _____ milk.
She _____ coffee.

03. 주어진 단어를 보고 우리말에 맞게 문장을 쓰세요.

1. **go to school**

   He goes to school.

   그는 학교에 간다.

2. **push the door**

   She pushes   .

   그녀는 문을 민다.

3. **like milk**

   그것은 우유를 좋아한다.

4. **watch TV**

   그들은 TV를 본다.

5. **do the dishes**

   그는 설거지를 한다.

6. **play soccer**

   우리는 축구를 한다.

7. **swim fast**

   그것들은 빠르게 수영한다.

아니라고 할 때 **do not**을 써요

eat   do not eat

I do not eat pizza.

do not + 동사 '~하지 않는다'는 **<do not + 동사>**로 말해요. do not은 **don't**로 줄여 써요.

나는
돈이 없다.

I do not have money.

너는 의자가
필요없다.

You do not need a chair.

문장
정리하기

주어	do not(don't)	동사 ~
I	do not(=don't)	like bugs.

✓Check up 그림을 보고 주어진 문장을 바꿔 쓰세요.

I wear a mask.

I do not wear a hat.

= I don't wear a hat.

You make cookies.

make bread.

= make bread.

do not을 쓰는 주어들을 배워요

| live | do not live |

They do not live there.

I/You/We/They do not

하지 않는 행동은 <do not(don't) + 동사>로 말해요.

| I don't | You don't | We don't | They don't |

우리는 거기에 가지 않는다.

그들은 강에서 수영하지 않는다.

We do not go there.

They do not swim in the river.

문장 정리하기

주어	do not(don't)	동사 ~
I / You / We / They	do not(=don't)	make a cake.

 Check up 그림을 보고 주어진 문장을 바꿔 쓰세요.

We go to school.

We do not go to church.

= We don't go to church.

They work at the hospital.

work at a school.

= work at a school.

01. 그림을 보고 알맞은 것을 골라 V 하세요.

I   ⊓ eat   ⊓ do not eat   **chocolate.**

You   ⊓ ride   ⊓ do not ride   **a bike.**

We   ⊓ play   ⊓ do not play   **soccer.**

They   ⊓ have   ⊓ do not have   **umbrellas.**

02. 빈칸에 들어갈 알맞은 것을 고르고 쓰세요.

Cats [＿＿＿＿＿＿] water.   ⊓ like   ⊓ don't like

Elephants [＿＿＿＿＿＿] meat.   ⊓ eat   ⊓ don't eat

Turtles [＿＿＿＿＿＿] slowly.   ⊓ move   ⊓ don't move

Birds [＿＿＿＿＿＿] wings.   ⊓ have   ⊓ don't have

03. 주어진 단어를 보고 우리말에 맞게 문장을 쓰세요.

1 | wear glasses

We do not wear glasses.

우리는 안경을 쓰고 있지 않다.

2 | have a pencil

I do not

나는 연필을 가지고 있지 않다.

3 | eat carrots

그것들은 당근을 먹지 않는다.

4 | read books

너는 책을 읽지 않는다.

5 | ride a bike

나는 자전거를 타지 않는다.

6 | drink coffee

우리는 커피를 마시지 않는다.

7 | make bread

그들은 빵을 만들지 않는다.

아니라고 할 때 **does not**을 써요

| eat | does not eat |

It does not eat **fish.**

'~하지 않는다'라는 의미의 부정문은 **주어가 He, She, It**일 때 **does not**을 쓰고 그 다음에 **동사를 그대로** 써야 해요.

He cooks well. → He doesn't cook well.

> 그는 요리를 잘하지 않는다.

He does not cook well.

> 그녀는 달리지 않는다.

She does not run.

문장 정리하기

주어	does not(= doesn't)	동사 ~
He / She / It	does not(= doesn't)	run fast.

 Check up 그림을 보고 주어진 문장을 바꿔 쓰세요.

He wants kimchi.

He does not want fish.

= _____ fish.

He fixes a bike.

_____ a car.

= _____ a car.

do not과 does not을 정리해 봐요

do not	does not

He does not like **soup.**

 do not / does not 아니라고 부정할 때 **주어에 따라**
do not 또는 **does not**을 구별해서 써야 해요.

I / You / We / They **do not**	He / She / It **does not**
I don't eat bread.	He doesn't go shopping.
You don't drink juice.	She doesn't make dinner.
We don't have a cat.	
They don't sleep at night	It doesn't run fast.

Check up 그림을 보고 주어진 문장을 바꿔 쓰세요.

It has a tail.

It does not have hair.

= _____ hair.

They move slowly.

_____ fast.

= _____ fast.

67

Exercise

01. 알맞는 단어를 골라 V 하세요.

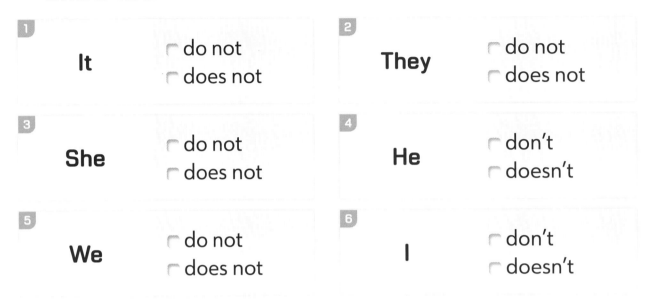

1

It
- ☐ do not
- ☐ does not

2

They
- ☐ do not
- ☐ does not

3

She
- ☐ do not
- ☐ does not

4

He
- ☐ don't
- ☐ doesn't

5

We
- ☐ do not
- ☐ does not

6

I
- ☐ don't
- ☐ doesn't

02. 빈칸에 알맞은 말을 골라 문장을 완성하세요.

1 He _____ jump high.
- ☐ don't
- ☐ doesn't

2 We _____ have books.
- ☐ don't
- ☐ doesn't

3 They _____ sleep at night.
- ☐ don't
- ☐ doesn't

4 She doesn't _____ coffee.
- ☐ drink
- ☐ drinks

03. 주어진 말을 이용해 우리말에 맞게 문장을 쓰세요.

1 speak English

He does not speak English.

그는 영어를 말하지 않는다.

2 want water

She does not _____.

그녀는 물을 원하지 않는다.

3 play the piano

우리는 피아노를 연주하지 않는다.

4 go shopping

그들은 쇼핑하러 가지 않는다.

5 eat pizza

그녀는 피자를 먹지 않는다.

6 have an umbrella

그는 우산을 가지고 있지 않다.

7 cry all day

그것은 하루 종일 운다.

69

Review

A. 그림을 보고 알맞은 말을 골라 문장을 완성하세요.

1	I	☐ play ☐ plays

2	He	☐ go ☐ goes

3	You	☐ drink ☐ drinks

4	They	☐ eat ☐ eats

5	She	☐ push ☐ pushes

6	It	☐ touch ☐ touches

7	Matt	☐ cry ☐ cries

8	Mia	☐ do ☐ does

B. 그림을 보고 알맞은 말을 골라 문장을 완성하세요.

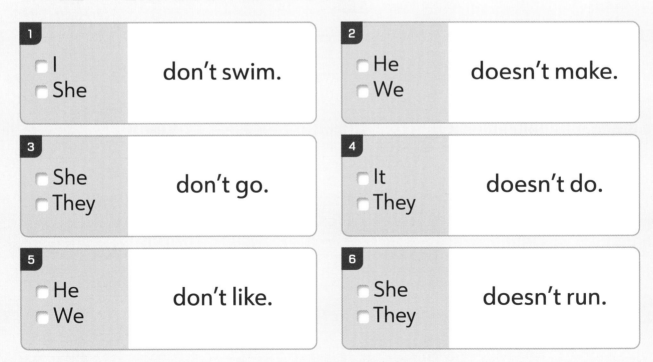

1	☐ I ☐ She	don't swim.

2	☐ He ☐ We	doesn't make.

3	☐ She ☐ They	don't go.

4	☐ It ☐ They	doesn't do.

5	☐ He ☐ We	don't like.

6	☐ She ☐ They	doesn't run.

C. 그림을 보고 주어진 단어를 이용하여 부정문으로 고쳐 쓰세요.

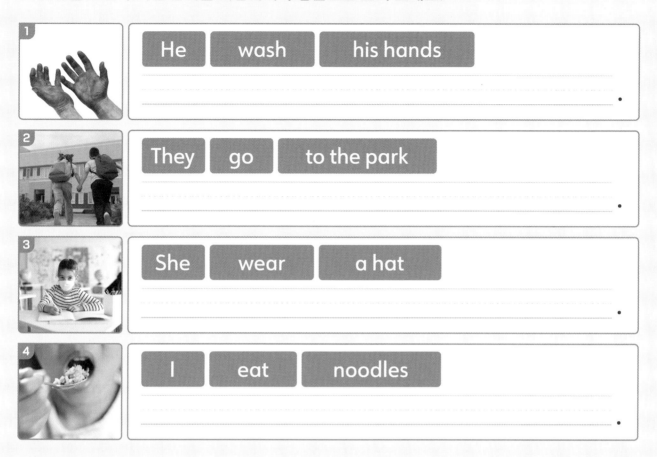

1

| He | wash | his hands |

_____ .

2

| They | go | to the park |

_____ .

3

| She | wear | a hat |

_____ .

4

| I | eat | noodles |

_____ .

D. 알맞은 단어를 고르고 문장을 다시 쓰세요.

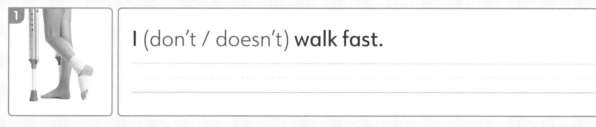

1 I (don't / doesn't) **walk fast.**

_____

2 He (like / likes) **cats.**

_____

3 She (don't / doesn't) **work at a school.**

_____

E. 그림을 보고 틀린 부분을 고쳐 문장을 다시 쓰세요.

1

| I | doesn't | have | apples. |

➡ I don't have apples.

2

| He | have | a cat. |

➡

3

| It | doesn't | eats | cake. |

➡

4

| She | don't | like | school. |

➡

5

| Brian | drink | coffee. |

➡

6

| You | doesn't | need | a chair. |

➡

동사 구별

soccer player 축구 선수
homework 숙제
bakery 제과점
hospital 병원

Do you~?

piano 피아노
eat 먹다
breakfast 아침식사
wear 입다

Does he~?

drive 운전하다
glasses 안경
live 살다
baseball 야구

Yes, No

well 잘
pencil 연필
helmet 헬멧
sleep 자다

PART 5
일반동사 의문문

'~하니?'라고 물어볼 때
Do, Does 위치에 주의해야 해요.

나의 평가는?

Unit 01

 월 일 ☆☆☆☆☆

be동사나 일반동사의 구별은 의미에 따라 동작 등은 일반동사로, 직업이나 사람을 말할 때는 be동사로 쓰는 규칙을 배울 거예요.

Unit 02

 월 일 ☆☆☆☆☆

일반동사 의문문 1은 문장 앞에 '누가'라는 주어에 따라 **Do** 나 **Does**를 쓰는 규칙을 배울 거예요.

Unit 03

 월 일 ☆☆☆☆☆

일반동사 의문문 2는 일반동사 질문에 **Yes, No**로 답하는 규칙을 배울 거예요.

I am과 I cook을 구별해요

I am	I cook

I am a cook.

 **be동사와 일반동사 1**

이름, 직업 등 **누구인지** 말할 때는 **be동사**를 쓰고
'~하다'라고 **동작**을 말할 때는 **일반동사**를 써요.

그는
축구선수이다.

그는
축구를 한다.

He is a soccer player.

He plays soccer.

 문장
정리하기

be동사 (이다 / 있다)	일반동사 (하다)
You are a doctor. 너는 의사이다.	We play the piano. 우리는 피아노를 연주한다.
He is in the park. 그는 공원에 있다.	He runs in the park. 그는 공원에서 달린다.

⊘ Check up 그림을 보고 알맞은 단어를 골라 쓰세요.

is / dances

do / are

She ___is___ a dancer.

We _____ our homework.

She _____ .

We _____ students.

문장의 의미로 구별해요

is	works

He works at a bakery.

be동사와 일반동사 2

문장의 의미와 특징에 맞게 **동사를 구별**해 써요.

be동사 + 명사/형용사 : ~이다	I (**am** / ~~sing~~) a singer.	나는 가수**이다**.
	We (**are** / ~~sing~~) happy.	우리는 행복하**다**.
	He (**is** / ~~sing~~) at school.	그는 학교에 **있다**.
일반동사 + (명사) : (~을) ~하다	I (~~am~~ / **sing**) a song.	나는 노래를 **부른다**.
	We (~~are~~ / **study**) happily.	우리는 행복하게 **공부한다**.
	He (~~is~~ / **goes**) to school.	그는 학교에 **간다**.

✓ Check up 그림을 보고 알맞은 단어를 골라 쓰세요.

are / work

They _____are_____ doctors.

They _____ at the hospital.

is / teaches

She _____ a teacher.

She _____ students.

75

01. 그림을 보고 알맞은 것을 골라 V 하세요.

 ① You ⌐ are ⌐ cook **a cook.**

 ② You ⌐ are ⌐ cook **well.**

 ③ He ⌐ is ⌐ works **at the restaurant.**

 ④ He ⌐ is ⌐ works **a chef.**

02. 알맞은 것을 골라 문장을 완성하세요.

① I ⌐ am ⌐ study **a student.**

② It ⌐ is ⌐ flies **a bird.**

③ He ⌐ is ⌐ reads **books.**

④ They ⌐ are ⌐ go **to school.**

⑤ She ⌐ is ⌐ studies **English.**

⑥ It ⌐ is ⌐ moves **slowly.**

76

03. 알맞은 단어를 골라 우리말에 맞게 문장을 쓰세요.

1
- ☐ am
- ☐ read

I am a reader.

나는 독자이다.

2
- ☐ am
- ☐ read

books.

나는 책을 읽는다.

3
- ☐ are
- ☐ work

firefighters.

그들은 소방관이다.

4
- ☐ are
- ☐ work

at a fire station.

그들은 소방서에서 일한다.

5
- ☐ is
- ☐ grows

vegetables.

그녀는 야채를 재배한다.

6
- ☐ is
- ☐ grows

a farmer.

그녀는 농부이다.

7
- ☐ is
- ☐ goes

a student.

그는 학생이다.

| Do | Does |

Do you like candies?

Do you/they 동사~? you, we, they일 때는 **Do you/we/they~?**로 질문해요.

문장 앞에 Do를 써서 질문해요.

| You | like kimchi. |

| Do | you | like kimchi? |

| Do | we you they | like...? |

Check up 그림을 보고 문장을 바꿔 쓰세요.

You study English.
Do you study English?

They play the piano.
the piano?

You eat breakfast.
breakfast?

78

Do	Does

Does he **drive a car?**

Does he/she/it 동사~? he, she, it일 때는 **Does**를 쓰고 **동사도 그대로** 써야 해요.

문장 앞에 Does를 써서 질문해요.

It	eats meat.

Does	**it**	eat meat?

I, you, we, they가 주어일 때
They play soccer.   → Do they play soccer? 그들은 축구를 하니?

he, she, it이 주어일 때
He plays baseball.   → Does he play baseball? 그는 야구를 하니?

✓Check-up **그림을 보고 문장을 바꿔 쓰세요.**

She wears glasses.

Does she wear glasses?

It lives in water.

in water?

He wants water.

water?

01. 알맞는 단어를 골라 V 하세요.

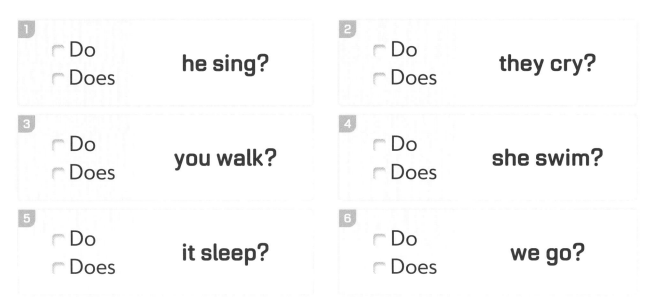

1	☐ Do ☐ Does	**he sing?**
2	☐ Do ☐ Does	**they cry?**
3	☐ Do ☐ Does	**you walk?**
4	☐ Do ☐ Does	**she swim?**
5	☐ Do ☐ Does	**it sleep?**
6	☐ Do ☐ Does	**we go?**

02. 주어진 문장을 질문하는 문장으로 바꿔 쓰세요.

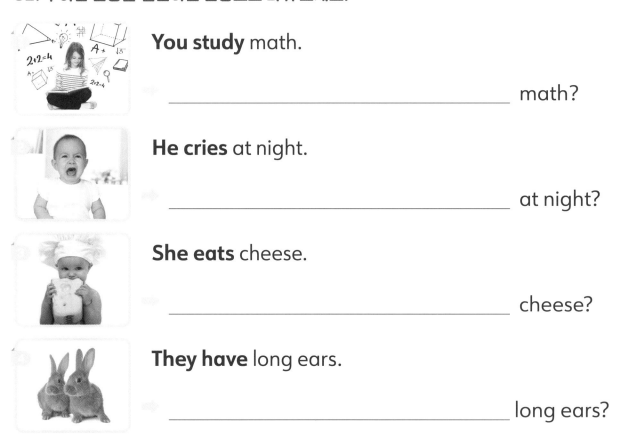

You study math.

_____ math?

He cries at night.

_____ at night?

She eats cheese.

_____ cheese?

They have long ears.

_____ long ears?

03. 주어진 말을 이용해 우리말에 맞게 문장을 쓰세요.

1 have a dog

Do you have a dog?

너는 개를 가지고 있니?

2 like juice

Does she

그녀는 주스를 좋아하니?

3 have legs

그것들은 다리가 있니?

4 make dinner

그는 저녁을 만드니?

5 sleep at night

그것은 밤에 자니?

6 cook

너는 요리하니?

7 play baseball

그녀는 야구를 하니?

Do you like flowers?

Yes, I do.

Do로 물을 때

Do로 시작하는 질문은 다음과 같이 답해요.

Do you~?	Yes, I do.	No, I don't.
Do they~?	Yes, they do.	No, they don't.

너는 고양이를
좋아하니?

그들은
책을 읽니?

Do you like cats?

Do they read books?

Yes, I do.   No, I don't.

Yes, they do.   No, they don't.

꼭 줄여서 써요.

 Check up Yes와 No를 사용해 질문에 맞게 대답을 쓰세요.

Do you sing well?

Yes, I do.

No,

Do they play games?

Yes,

No,

82

Yes, No 다음에 does로 답해요

Does he want water?

Yes, he does.

Does로 물을 때

Does로 시작하는 **질문**은 다음과 같이 답해요.

Does he/she~?	Yes, he/she does.	No, he/she doesn't.
Does it~?	Yes, it does.	No, it doesn't.

그것은
생선을 좋아하니?

Does it like fish?

Yes, **it does.**

No, **it doesn't.**

Do 질문에 답하기	Do	they sleep well?	→ Yes, they do. / No, they don't.
Does 질문에 답하기	Does	she like fruits?	→ Yes, she does. / No, she doesn't.

Check up 그림을 보고 질문에 맞는 대답을 쓰세요.

Does she like flowers?

Yes, she does.

Does he need pencils?

No,

Does it fly?

No,

Does it run fast?

Yes,

Exercise

01. 질문에 알맞은 대답을 골라 V 하세요.

Do you watch TV?

☐ Yes, I do.
☐ No, I don't.

Does she eat lunch?

☐ Yes, she does.
☐ No, she doesn't

Does it swim?

☐ Yes, it does.
☐ No, it doesn't.

Do you wear glasses?

☐ Yes, I do.
☐ No, I don't.

02. 질문에 알맞은 대답을 연결하세요.

Does it eat carrots?   •

•   No, she doesn't.

Does she have a robot?   •

•   No, it doesn't.

Do they eat pizza?   •

•   Yes, I do.

Do you like roses?   •

•   Yes, they do.

03. 그림을 보고 질문에 맞는 대답을 쓰세요.

Do they play the piano?

Yes, they do.

Does she eat vegetables?

No,

Does he ride a bike?

Do they play soccer?

Do they wear helmets?

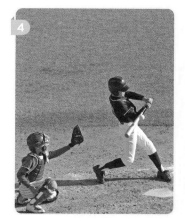

Does it eat pizza?

Does it have long ears?

Review

A. 알맞은 것을 고르고 쓰세요.

1 [   ] you like music? ☐ Do ☐ Does

2 [   ] she wear glasses? ☐ Do ☐ Does

3 [   ] it live in water? ☐ Do ☐ Does

4 [   ] the dog run fast? ☐ Do ☐ Does

5 [   ] students play soccer? ☐ Do ☐ Does

B. 그림을 보고 질문에 대한 알맞은 대답을 고르세요.

A : Do they eat pizza?

B : ☐ Yes, they do. ☐ No, they don't.

A : Does it fly?

B : ☐ Yes, it does. ☐ No, it doesn't.

A : Do you play the piano?

B : ☐ Yes, I do. ☐ No, I don't.

C. 그림을 보고 질문하는 문장으로 바꿔 쓰세요.

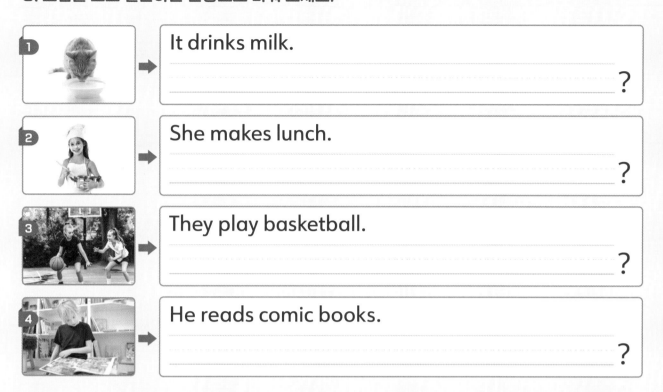

1. It drinks milk.

   _____ ?

2. She makes lunch.

   _____ ?

3. They play basketball.

   _____ ?

4. He reads comic books.

   _____ ?

B. 알맞은 단어를 고르고 문장을 다시 쓰세요.

1. (Do / Does) you need eggs?

   _____

2. (Do / Does) it like potatoes?

   _____

3. Do (it / they) eat fish?

   _____

4. Does (Mia / Mia and Matt) watch TV?

   _____

E. 그림을 보고 틀린 부분을 고쳐 문장을 다시 쓰세요.

1

○

Yes,	it	~~do.~~

➡ Yes, it does.

2

Does	you	swim?

➡ _____

3

Does	it	eats	grass?

➡ _____

4

Does	they	play	outside?

➡ _____

5

Do you like comic books?

No,	I	do.

➡ _____

6

Do you eat noodles?

Yes,	you	do.

➡ _____

명령문

open 열다
quiet 조용한
sit down 앉다
stand up 일어서다

Don't~

close 닫다
fast food 패스트 푸드
touch 만지다
enter 들어가다

Let's~

clean 청소하다
swim 수영하다
talk 말하다
here 여기에

can/can't

ski 스키를 타다
fly 날다
write 쓰다
ride 타다

PART 6
여러
문장

명령문, Let's~, can/can't
문장을 만들어 봐요.

Unit 01

명령문, 부정 명령문은 '~해라', '~하지 마라' 라고 명령하거나 부탁할 때 동사를 쓰는 규칙을 배울 거예요.

Unit 02

Let's~는 상대방과 하고자 하는 것을 말할 때 문장 앞에 쓰는 규칙을 배울 거예요.

Unit 03

can/can't는 '~할 수 있다', '~할 수 없다'라는 의미의 조동사로 동사 앞에 쓰는 규칙을 배울 거예요.

Eat	Don't

Eat vegetables.

💡 **명령할 때** '~해라'라고 **명령하는 문장**을 쓸 때 You 없이 **동사**로 시작해요.

조용히 해라.

Be quiet.

You	are	kind.	친절하다
Be	kind.		친절히 해라

문을 닫아라.

Close the door.

You	open	the door.	열다
Open	the door.		문을 열어라

Tip! please를 동사 앞이나 뒤에 써서 공손하게 말해요. Stand up, please. (일어나 주세요.)

☑ Check up 그림을 보고 문장을 다시 쓰세요.

open the door

Open the door.

wash your hands

sit down

stand up

Don't로 문장을 시작해요

Run	Don't

Don't run here.

Don't '~하지 마라'라고 할 때 **<Don't + 동사>**로 말해요.

문을 닫지 마라.

**Don't close
the door.**

| Drink | milk. | 마셔라 |

| **Don't** + | **drink** | **milk.** | 마시지 마라 |

패스트푸드를 먹지 마라.

**Don't eat
fast food.**

| Touch | it. | 만져라 |

| **Don't** + | **touch** | **it.** | 만지지 마라 |

☑ Check up **그림을 보고 Don't와 함께 쓰세요.**

touch

Don't touch

sit

run

enter

91

01. 알맞은 것을 골라 문장을 완성하세요.

☐ Wash   ☐ Washes   **your hands.**

☐ Not   ☐ Don't   **swim here.**

☐ Open   ☐ Close   **your book.**

☐ Don't   ☐ Doesn't   **talk here.**

02. 그림을 보고 알맞은 표현을 골라 V 하세요.

☐ Eat food.
☐ Don't eat.

☐ Drink milk.
☐ Don't drink.

☐ Touch it.
☐ Don't touch.

☐ Sit down.
☐ Don't sit.

☐ Enter.
☐ Don't enter.

☐ Stand up.
☐ Sit down.

03. 그림을 보고 알맞은 것을 골라 우리말에 맞게 문장을 쓰세요.

Open / Don't open

Don't open the box.

상자를 열지 마라.

Run / Don't run

here.

여기서 뛰지 마라.

Stand up
/ Don't Stand up

, please.

일어나 주세요.

Sit / Don't sit

down.

앉지 마라.

Close / Don't close

the door.

문을 닫아라.

Eat / Don't eat

chocolate.

초콜릿을 먹지 마라.

Let's로 문장을 시작해요

Let's | Let's not

~~Let's~~ go there.

 <Let's + 동사>는 '~하자'라고 제안하는 말이에요.

축구하자.

Let's play soccer.

방을 청소하자.

Let's clean the room.

 추가 문장

Let's buy flowers. | 꽃을 사자. | Let's study together. | 같이 공부하자.
Let's go to the beach. | 해변에 가자. | Let's play soccer. | 축구를 하자.

✓ Check up 주어진 말을 이용해 Let's로 시작하는 문장을 쓰세요.

swim here

study together

~~Let's swim here.~~

play tennis

eat lunch

94

Let's not으로 문장을 시작해요

Let's | Let's not

~~Let's not~~ talk here.

Let's not <Let's not + 동사>는 '~하지 말자'라고 제안하는 말이에요.

여기서 뛰지 말자.

Let's not run here.

거기에 가지 말자.

Let's not go there.

추가 문장

Let's not talk here.	여기서 말하지 말자.	Let's not watch TV.	TV를 보지 말자.
Let's not meet today.	오늘은 만나지 말자.	Let's not buy a ball.	공을 사지 말자.

Check up 주어진 말을 이용해 Let's not으로 시작하는 문장을 쓰세요.

swim here

~~Let's not swim here.~~

run here

eat it

sit here

Exercise

01. 알맞는 단어를 골라 V 하세요.

1
- ☐ Let
- ☐ Let's

eat lunch.

2
- ☐ Not let's
- ☐ Let's not

swim.

3
Let's
- ☐ study.
- ☐ studying.

4
Let's
- ☐ go not home.
- ☐ not go home.

02. 그림을 보고 알맞은 것을 골라 문장을 완성하세요.

1. ☐ Let's ☐ Let's not run here.

2. ☐ Let's ☐ Let's not study together.

3. ☐ Let's ☐ Let's not sit here.

4. ☐ Let's ☐ Let's not play a computer game.

5. ☐ Let's ☐ Let's not have a party.

03. 주어진 단어를 보고 우리말에 맞게 문장을 쓰세요.

1 play tennis

Let's play tennis.

테니스를 치자.

2 eat bread

Let's not _____.

빵을 먹지 말자.

3 wash a car

세차하자.

4 study together

함께 공부하자.

5 talk here

여기서 말하지 말자.

6 clean the room

방을 청소하자.

7 swim

수영하자.

can은 동사와 함께 써요

ski   can ski

I can ski.

 can + 동사 can은 '~할 수 있다'라는 뜻으로 동사와 함께 써요.
can은 조동사 중 하나로, **동사를 도와 의미를 더해** 줘요.

그는
운전할 수 있다.

He can drive.

그녀는
요리할 수 있다.

She can cook.

추가
문장

I can play the cello.
He can ride a bike.

나는 첼로를 연주할 수 있다.
그는 자전거를 탈 수 있다.

✔Check up **그림을 보고 주어진 말을 이용해 can과 함께 문장을 쓰세요.**

I / cook

I can cook.

It / fly

She / drive

They / write

할 수 없다면 can't를 써요

| can walk | can't walk |

He can't walk.

 can't + 동사   can't는 '~할 수 없다'는 뜻으로 cannot의 줄임말로 동사와 함께 써요.

그는
운전할 수 없다.

He can't drive.

그녀는
요리할 수 없다.

She can't cook.

 추가
문장

Babies can't walk fast.   아기들은 빨리 걸을 수 없다.

She can't help me.   그녀는 나를 도울 수 없다.

Check up 그림을 보고 주어진 말을 이용해 can't와 함께 문장을 쓰세요.

It / fly

It can't fly.

They / run fast

I / ride

He / play

99

01. 알맞는 단어를 골라 V 하세요.

1

She

☐ can run.
☐ can't run.

2

It

☐ can swim.
☐ can't swim.

3

He

☐ can ride.
☐ can't ride.

4

They

☐ can skate.
☐ can't skate.

5

Birds

☐ can fly.
☐ can't fly.

6

Babies

☐ can talk.
☐ can't talk.

02. 그림을 보고 알맞은 것을 골라 문장을 완성하세요.

1

We ☐ can ☐ can't cook well.

2

It ☐ can ☐ can't walk.

3

She ☐ can ☐ can't read books.

4

I ☐ can ☐ can't sleep well.

03. 주어진 단어를 보고 우리말에 맞게 문장을 쓰세요.

1 sleep

He can't sleep.

그는 잘 수 없다.

2 fly

They can't _____.

그것들은 날 수 없다.

3 run fast

_____

그것은 빨리 달릴 수 있다.

4 walk fast

_____

나는 빨리 걸을 수 없다.

5 write

_____

그녀는 쓸 수 있다.

6 ride a bike

_____

그는 자전거를 탈 수 없다.

7 play the cello

_____

우리는 첼로를 연주할 수 있다.

101

Review

A. 그림을 보고 알맞은 말을 골라 문장을 완성하세요.

1
- ☐ I can
- ☐ I can't

cook.

2
- ☐ He can
- ☐ He can't

ride.

3
- ☐ It can
- ☐ It can't

fly.

4
- ☐ They can
- ☐ They can't

run fast.

5
- ☐ He can
- ☐ He can't

read.

6
- ☐ They can
- ☐ They can't

play the piano.

B. 그림을 보고 알맞은 말을 골라 문장을 완성하세요.

1
- ☐ Sit
- ☐ Sits

down.

2
- ☐ Not run
- ☐ Don't run

here.

3
- ☐ Let
- ☐ Let's

go home.

4
- ☐ Let not
- ☐ Let's not

swim.

5
Let's
- ☐ sing.
- ☐ sings.

6
Don't
- ☐ touch.
- ☐ touches.

7
Let's
- ☐ run not.
- ☐ not run.

8
It can
- ☐ swim.
- ☐ swims.

C. 그림을 보고 주어진 단어를 이용하여 문장을 고쳐서 쓰세요.

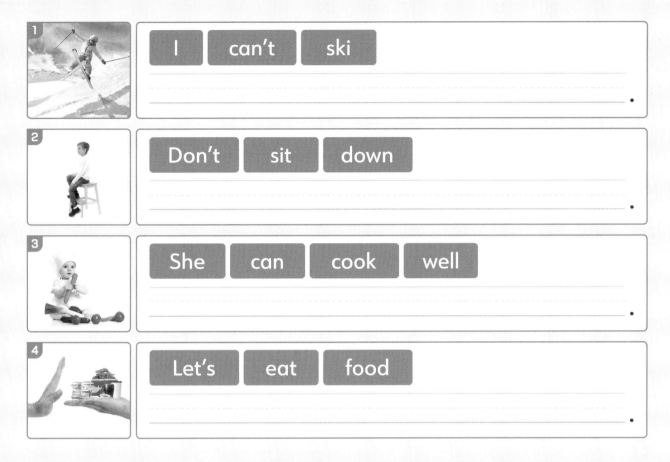

1. I | can't | ski

2. Don't | sit | down

3. She | can | cook | well

4. Let's | eat | food

D. 그림을 보고 알맞은 단어를 써서 문장을 완성하세요.

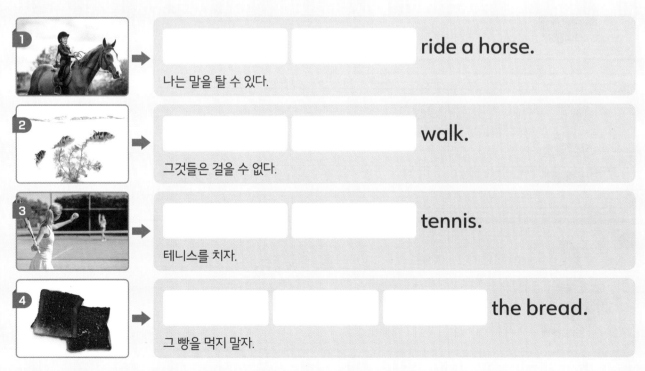

1. _____ _____ ride a horse.
나는 말을 탈 수 있다.

2. _____ _____ walk.
그것들은 걸을 수 없다.

3. _____ _____ tennis.
테니스를 치자.

4. _____ _____ _____ the bread.
그 빵을 먹지 말자.

E. 그림을 보고 틀린 부분을 고쳐 문장을 다시 쓰세요.

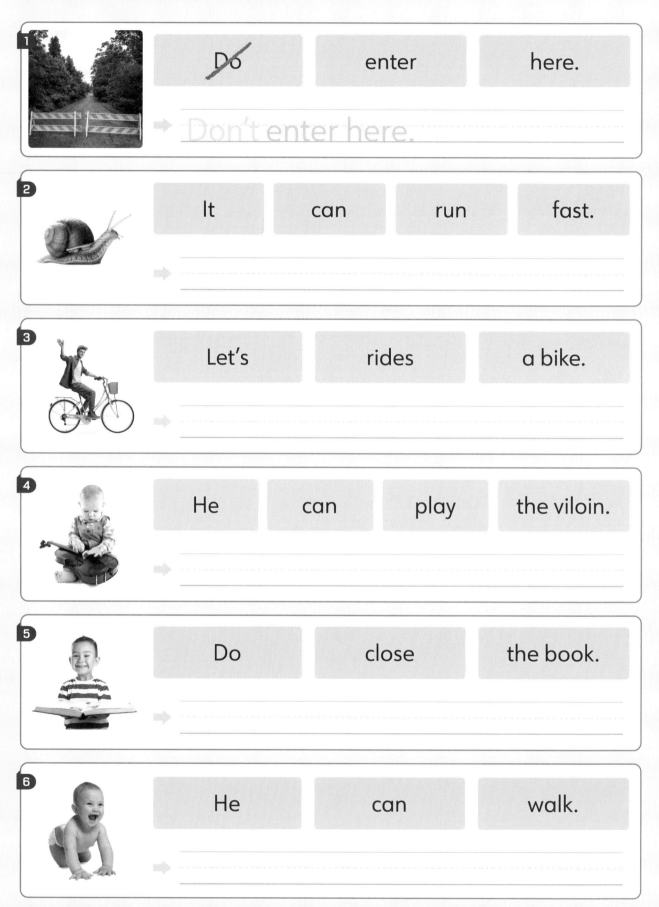

1
Do ~~Do~~ | enter | here.
➡ Don't enter here.

2
It | can | run | fast.
➡

3
Let's | rides | a bike.
➡

4
He | can | play | the viloin.
➡

5
Do | close | the book.
➡

6
He | can | walk.
➡

When

tomorrow 내일
birthday 생일
October 10월
test 시험

Who, What

sister 여동생, 언니, 누나
brother 남동생, 오빠, 형
owl 부엉이
shoes 신발

Where

table 식탁
umbrella 우산
toy 장난감
bed 침대

How much/many

man 남자
doll 인형
rabbit 토끼
ball 공

PART 7

의문사

'누구, 무엇, 언제, 어디' 등을 물을 때
쓰는 것을 의문사라고 해요.

Unit 01
나의 평가는?
☐ 월 ☐ 일 ☆☆☆☆☆

Who, What은 '누구', '무엇'을 물을 때 쓰는 의문사로 문장 앞에서 쓰이는 규칙을 배울 거예요.

Unit 02
☐ 월 ☐ 일 ☆☆☆☆☆

When, Where는 '시간'과 '장소'를 물을 때 쓰는 의문사로 문장 앞에서 쓰이는 규칙을
배울 거예요.

Unit 03
☐ 월 ☐ 일 ☆☆☆☆☆

How many, How much는 '개수'와 '가격'을 물을 때 쓰는 의문사로 문장 앞에서 쓰이는
규칙을 배울 거예요.

누구인지 **Who**로 물어요

Who	What

Who are you?

Who are/is~?   '~은 누구니?' 라고 물을 때 **Who are/is~?**로 써요.

그녀는
누구이니?

Who is she?

사람을 묻는 Who가 문장 앞에 와요.

She	is	my sister.

Who	is	she?

✓ Check up   그림을 보고 대답에 맞는 질문을 Who와 함께 쓰세요.

Who are you?   I am Jack.

He is Joe.

They are students.

106

무엇인지 What으로 물어요

| What | Who |

What is **it?**

What are/is~? '~은 무엇이니?' 라고 물을 때 **What are/is~?**로 써요.

그것은
무엇이니?

What is it?

동물, 사물 등을 묻는 What이 문장 앞에 와요.

| It | is | a dog. |

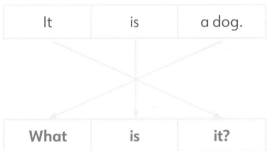

| What | is | it? |

Check up 그림을 보고 대답에 맞는 질문을 What과 함께 쓰세요.

What is it?　　　　　It is an owl.

　　　　　They are eggs.

　　　　　It is a doll.

01. 알맞은 질문을 골라 V 하세요.

1
☐ Who is he?
☐ Who are you?

He is my brother.

2
☐ Who are they?
☐ What are they?

They are my family.

3
☐ Who are they?
☐ What are they?

They are shoes.

4
☐ What is it?
☐ What are they?

It is a duck.

02. 그림을 보고 알맞은 것을 골라 문장을 완성하세요.

1
☐ Who   ☐ What   are they?

2
☐ Who   ☐ What   is it?

3
What   ☐ is it   ☐ are they   ?

4
Who   ☐ is he   ☐ are they   ?

03. 그림을 보고 밑줄 친 대답이 나올 수 있도록 질문을 쓰세요.

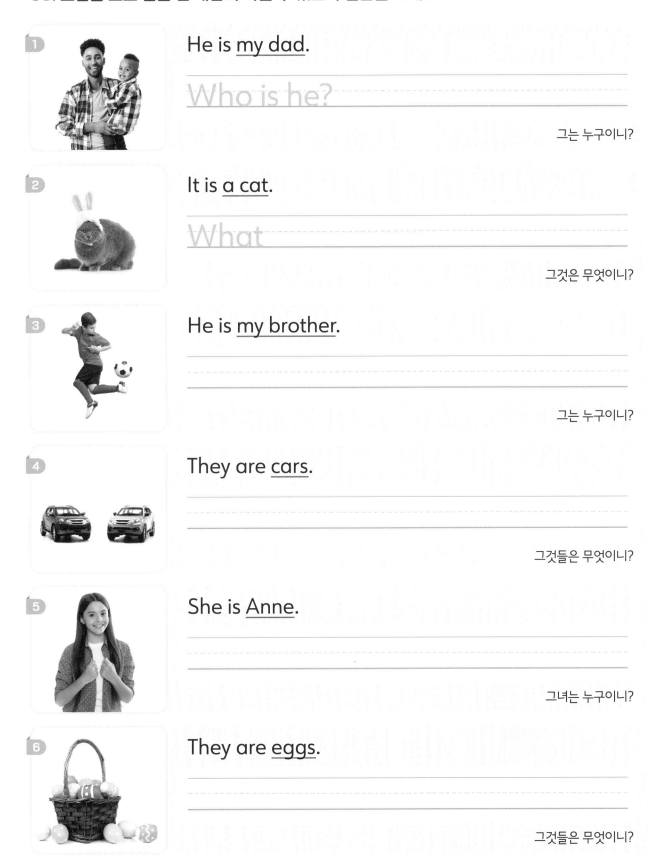

He is <u>my dad</u>.

Who is he?

그는 누구이니?

It is <u>a cat</u>.

What

그것은 무엇이니?

He is <u>my brother</u>.

그는 누구이니?

They are <u>cars</u>.

그것들은 무엇이니?

She is <u>Anne</u>.

그녀는 누구이니?

They are <u>eggs</u>.

그것들은 무엇이니?

| When | Where |

When is **Chuseok?**

When is~? **When is~?**는 언제인지 물을 때 써요.

네 생일은
언제이니?

When is your birthday?

시각, 요일, 때 등을 묻는 When이 문장 앞에 와요.

| Christmas | is | tomorrow. |

| When | is | Christmas? |

✓Check up 그림을 보고 주어진 단어를 이용해 질문을 쓰세요.

Christmas

When is Christmas?

It is tomorrow.

Halloween

It is October 31.

어디인지 **Where**로 물어요

When | **Where**

Where is **the book?**

Where is~? Where is~?는 장소를 물을 때 써요.

네 개는
어디에 있니?

Where is your dog?

장소를 묻는 Where이 문장 앞에 와요.

The book	is	on the table.
Where	**is**	**the book?**

✓Check up **그림을 보고 주어진 단어를 이용해 질문을 쓰세요.**

the cat

Where is the cat?

It is under the book.

the toy

It is under the bed.

01. 알맞은 질문을 골라 V 하세요.

1
☐ When is your birthday?
☐ Where is the rabbit?

It is May 5.

2
☐ When is it?
☐ Where are they?

They are in the box.

3
☐ When is the party?
☐ Where is he?

He is in his room.

4
☐ When is Chuseok?
☐ Where is the house?

It is October 21.

02. 질문에 알맞은 대답을 연결하세요.

When is the test? •

• It is under the umbrella.

Where is your dog? •

• They are on the table.

Where are your balls? •

• It is tomorrow.

03. 그림을 보고 밑줄 친 대답이 나올 수 있도록 질문을 쓰세요.

1

your birthday

It is <u>March 3</u>.

When is your birthday?

네 생일은 언제이니?

2

the dog

It is <u>on the chair</u>.

Where

개는 어디에 있니?

3

the party

It is <u>Friday</u>.

파티는 언제이니?

4

the park

It is <u>next to the library</u>.

공원은 어디에 있니?

5

your coat

It is <u>in my room</u>.

네 코트는 어디에 있니?

6

the concert

It is <u>July 1</u>.

콘서트는 언제이니?

가격은 How much로 물어요

How much	How many

How much is it?

How much ~?

'그것은 얼마이니?'라고 물을 때 **How much is it?**으로, '그것들은 얼마이니?'는 **How much are they?**로 써요.

그것들은 얼마인가요?

How much are they?

가격에 대한 답은 백, 천 단위로 자주 말해요.

숫자 + hundred	100 one hundred	500 five hundred
숫자 + thousand	1,000 one thousand	5,000 five thousand

☑ Check up 그림을 보고 주어진 단어를 이용해 질문을 쓰세요.

How much is it?

It is 3,000won.

They are 4,000won.

개수는 **How many**로 물어요

How much　How many

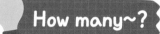 dogs are there?

How many~? '~가 몇 개이니?'는 <**How many + 명사~?**>로 말해요.

사과가
몇 개 있니?

How many apples are there?

How many 다음에는 복수의 명사가 와요.

How many	toys cats pencils books	are there?

Check up 그림을 보고 주어진 단어를 이용해 질문을 쓰세요.

How many eggs are there?

Two eggs.

Three children.

01. 알맞은 질문을 골라 V 하세요.

1
  ┌ How much is it?
  └ How many apples?

  Three apples.

2
  ┌ How much is it?
  └ How many rabbits?

  It is 3,000 won.

3
  ┌ How much is it?
  └ How many books?

  Four books.

4
  ┌ How much are they?
  └ How many cups?

  They are 5,000 won.

02. 그림을 보고 알맞은 것을 골라 문장을 완성하세요.

  How ┌ much ┌ many toys are there?

  How ┌ much ┌ many is it?

  How ┌ much ┌ many are they?

  How ┌ much ┌ many eggs are there?

03. 주어진 단어들을 배열해 우리말에 맞게 문장을 쓰세요.

1

| many | men | How | are there? |

How many men are there?

남자들은 몇 명 있니?

2

| much | is | How | it? |

그것은 얼마이니?

3

| How | kids | are there? | many |

아이들은 몇 명 있니?

4

| are there? | many | dolls | How |

인형이 몇 개 있니?

5

| much | are | How | they? |

그것들은 얼마이니?

6

| cookies | are there? | many | How |

쿠키가 몇 개 있니?

Review

A. 대답을 보고 알맞은 질문에 V 하세요.

1
- [ ] Who are they?
- [ ] What are they?

They are ducks.

2
- [ ] Who are they?
- [ ] What are they?

They are my friends.

3
- [ ] How much is it?
- [ ] How many balls?

It is 3,000 won.

4
- [ ] When is it?
- [ ] Where is it?

It is on the table.

B. 그림을 보고 대답에 대한 질문을 쓰세요.

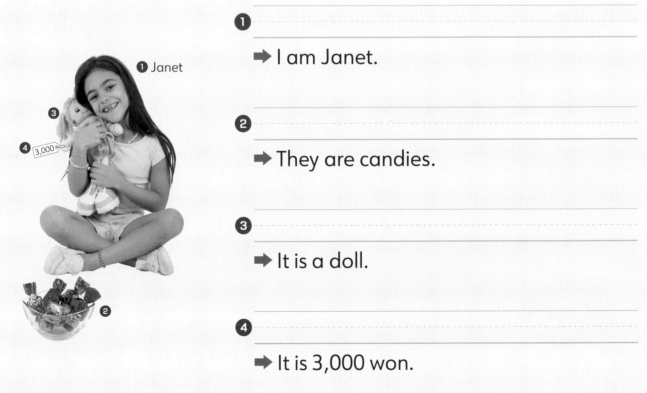

❶ Janet
❸
❹ 3,000
❷

❶
_____
➡ I am Janet.

❷
_____
➡ They are candies.

❸
_____
➡ It is a doll.

❹
_____
➡ It is 3,000 won.

118

C. 그림을 보고 주어진 단어를 이용하여 문장을 쓰세요.

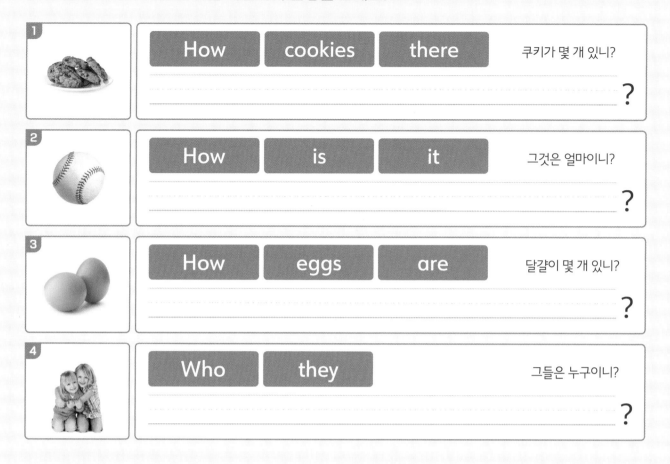

1
| How | cookies | there |

쿠키가 몇 개 있니?

_____?

2
| How | is | it |

그것은 얼마이니?

_____?

3
| How | eggs | are |

달걀이 몇 개 있니?

_____?

4
| Who | they |

그들은 누구이니?

_____?

D. 그림을 보고 알맞은 단어를 써서 문장을 완성하세요.

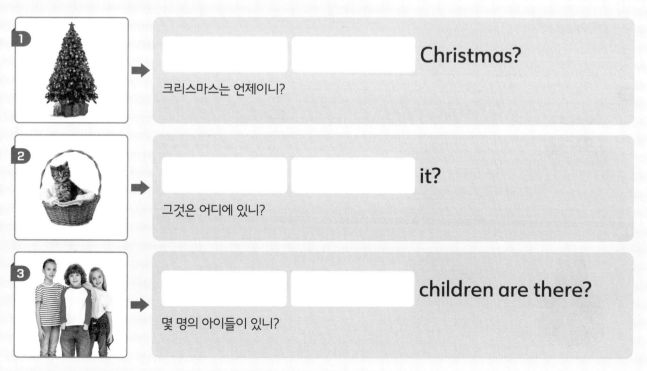

1
➔ [   ] [   ] Christmas?

크리스마스는 언제이니?

2
➔ [   ] [   ] it?

그것은 어디에 있니?

3
➔ [   ] [   ] children are there?

몇 명의 아이들이 있니?

E. 그림을 보고 틀린 부분을 고쳐 문장을 다시 쓰세요.

1

~~Who~~   is   it?

➡ What is it?

2

How many   is   it?

➡

3

When   are   the shoes?

➡

4

Where   is   your birthday?

➡

5

How much   toys   are there?

➡

6

Who   are   I?

➡

영문법 스타터 2

워크북

단어 쓰기 Go, Go!

	단어	우리말		단어	우리말
box			mouse		
hand			tooth		
watch			foot		
peach			child		

문장쓰기 Go, Go!

1. 그것들은 상자들이다. ➡ They are

2. 그것들은 손들이다. ➡

3. 그것들은 손목시계들이다. ➡

4. 그것들은 복숭아들이다. ➡

5. 그것들은 쥐들이다. ➡

6. 그것들은 치아들이다. ➡

7. 그것들은 발들이다. ➡

8. 그들은 아이들이다. ➡

단어 쓰기 Go, Go!

단어	우리말		단어	우리말
bus		cheese		
dish		juice		
butter		sugar		
cup		money		

문장쓰기 Go, Go!

1 나는 버스들을 좋아한다. ➡ I like

2 나는 접시들을 좋아한다. ➡

3 나는 버터를 좋아한다. ➡

4 나는 컵들을 좋아한다. ➡

5 나는 치즈를 좋아한다. ➡

6 나는 주스를 좋아한다. ➡

7 나는 설탕을 좋아한다. ➡

8 나는 돈을 좋아한다. ➡

단어 쓰기 Go, Go!

	단어	우리말
chair		
onion		
milk		
elephant		

	단어	우리말
man		
basket		
bag		
some		

문장쓰기 Go, Go!

1 의자 한 개가 있다. ➡ There is

2 양파들이 있다. ➡

3 우유가 약간 있다. ➡

4 코끼리 한 마리가 있다. ➡

5 남자들이 있다. ➡

6 바구니 한 개가 있다. ➡

7 가방들이 있다. ➡

8 물이 약간 있다. ➡

혼자 써도 되고
들으면서 써도 돼요!

단어 쓰기 Go, Go!

	단어	우리말		단어	우리말
pilot			friend		
doctor			penguin		
small			flower		
chef			brother		

문장쓰기 Go, Go!

1 나는 조종사이다. ➡ I am

2 우리는 의사이다. ➡

3 너는 작다. ➡

4 그는 요리사이다. ➡

5 그녀는 내 친구이다. ➡

6 그것들은 펭귄이다. ➡

7 그 꽃은 장미이다. ➡

8 그는 나의 남동생이다. ➡

혼자 써도 되고
들으면서 써도 돼요!

단어 쓰기 Go, Go!

	단어	우리말
scientist		
soldier		
swimmer		
pet		

	단어	우리말
baker		
firefighter		
crayon		
tennis player		

문장쓰기 Go, Go!

1. 그는 과학자이다. ➡ He is

2. 그녀는 군인이다. ➡

3. 그들은 수영 선수들이다. ➡

4. 그것은 나의 애완동물이다. ➡

5. 그녀는 제빵사이다. ➡

6. 그들은 소방관들이다. ➡

7. 그것들은 크레용들이다. ➡

8. 그는 테니스 선수이다. ➡

단어 쓰기 Go, Go!

	단어	우리말		단어	우리말
bottle			umbrella		
hat			table		
desk			room		
sofa			tree		

문장쓰기 Go, Go!

1. 그것은 병 안에 있다. ➡ It is

2. 그것은 모자 위에 있다. ➡

3. 그것들은 책상 아래에 있다. ➡

4. 그것은 소파 위에 있다. ➡

5. 그것들은 우산 아래에 있다. ➡

6. 그들은 탁자 위에 있다. ➡

7. 그들은 방 안에 있다. ➡

8. 그것은 나무 아래에 있다. ➡

단어 쓰기 Go, Go!

	단어	우리말		단어	우리말
big			happy		
fast			angry		
slow			pretty		
long			cute		

문장쓰기 Go, Go!

1 그것들은 크다. ➡ They are

2 말들은 빠르다. ➡ Horses

3 그는 느리다. ➡

4 그것은 길다. ➡

5 나는 행복하다. ➡

6 그는 화났다. ➡

7 그녀는 예쁘다. ➡

8 토끼들은 귀엽다. ➡

혼자 써도 되고
들으면서 써도 돼요!

단어 쓰기 Go, Go!

	단어	우리말			단어	우리말
hungry				dirty		
full				clean		
hot				old		
heavy				new		

문장쓰기 Go, Go!

1	그녀는 배고프다.	➡	She is

2	그는 배부르다.	➡	

3	그것은 뜨거운 차이다.	➡	

4	그것은 무거운 가방이다.	➡	

5	그것들은 더러운 신발이다.	➡	

6	그것들은 깨끗한 신발이다.	➡	

7	그것은 낡은 셔츠이다.	➡	

8	그것은 새 셔츠이다.	➡	

혼자 써도 되고
들으면서 써도 돼요!

단어 쓰기 Go, Go!

	단어	우리말		단어	우리말
slowly			sadly		
loudly			fast		
happily			late		
quickly			high		

문장쓰기 Go, Go!

1. 그들은 천천히 걷는다. ➡ They walk

2. 그들은 시끄럽게 노래한다. ➡

3. 우리는 행복하게 춤춘다. ➡

4. 그것들은 재빠르게 움직인다. ➡

5. 그는 슬프게 운다. ➡

6. 그것들은 빠르게 달리다. ➡

7. 그는 늦게 온다. ➡

8. 그들은 높게 점프한다. ➡

단어 쓰기 Go, Go!

	단어	우리말		단어	우리말
study			wash		
make			go		
smell			eat		
watch			drink		

문장쓰기 Go, Go!

1 나는 밤에 공부한다. ➡ I study

2 그들은 점심을 만든다. ➡

3 우리는 꽃 냄새를 맡는다. ➡

4 그는 TV를 본다. ➡

5 그녀는 손을 씻는다. ➡

6 그는 학교에 간다. ➡

7 나는 피자를 먹는다. ➡

8 그들은 우유를 마신다. ➡

131

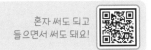

단어 쓰기 Go, Go!

	단어	우리말
money		
need		
wear		
mask		

	단어	우리말
live		
work		
ride		
wing		

문장쓰기 Go, Go!

* do not은 don't로 써도 됩니다.

1 나는 돈을 갖고 있지 않다. ➡ I do not have

2 너는 의자가 필요하지 않다. ➡

3 우리는 모자를 쓰지 않는다. ➡

4 그들은 마스크를 쓰지 않는다. ➡

5 그것들은 거기에 살지 않는다. ➡

6 나는 학교에서 일하지 않는다. ➡

7 그들은 자전거를 타지 않는다. ➡

8 우리는 날개를 갖고 있지 않다. ➡

단어 쓰기 Go, Go!

	단어	우리말		단어	우리말
fish			move		
cook			sleep		
want			tail		
fix			dinner		

문장쓰기 Go, Go!

* does not은 doesn't로 써도 됩니다.

1 그는 생선을 먹지 않는다. ➡ He does not eat

2 그녀는 요리를 잘 못한다. ➡

3 그는 김치를 원하지 않는다. ➡

4 그녀는 차를 수리하지 않는다. ➡

5 그것은 빠르게 움직이지 않는다. ➡

6 그것들은 밤에 자지 않는다. ➡

7 그것은 꼬리를 갖고 있지 않다. ➡

8 나는 저녁을 만들지 않는다. ➡

133

단어 쓰기 Go, Go!

	단어	우리말		단어	우리말
dancer			teach		
dance			grow		
at a school			homework		
at the hospital			at the restaurant		

문장쓰기 Go, Go!

1 나는 댄서이다. ➡ I am

2 나는 춤을 잘 춘다. ➡

3 그는 학교에서 일한다. ➡

4 그는 병원에서 일한다. ➡

5 그녀는 학생들을 가르친다. ➡

6 나는 야채를 기른다. ➡

7 나는 나의 숙제를 한다. ➡

8 그들은 식당에 있다. ➡

단어 쓰기 Go, Go!

	단어	우리말		단어	우리말
candy			glasses		
English			ear		
piano			drive		
breakfast			live in		

문장쓰기 Go, Go!

1 너는 사탕들을 좋아하니? ➡ Do you

2 그는 영어를 공부하니? ➡

3 그녀는 피아노를 연주하니? ➡

4 그들은 아침을 만드니? ➡

5 그는 안경을 쓰니? ➡

6 그것들은 긴 귀를 갖고 있니? ➡

7 너는 차를 운전하니? ➡

8 그것은 물에 사니? ➡

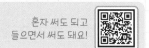
단어 쓰기 Go, Go!

	단어	우리말			단어	우리말
read				robot		
fly				vegetable		
pencil				helmet		
carrot				rose		

문장쓰기 Go, Go!

1 너는 책을 읽니? 응, 맞아. ➡ Do you read books? Yes, I do.

2 그것은 높이 나니? 아니야. ➡

3 그는 연필들을 원하니? 응, 맞아. ➡

4 그것들은 당근을 먹니? 응, 맞아. ➡

5 그들은 로봇을 원하니? 아니야. ➡

6 그는 채소를 재배하니? 아니야. ➡

7 그녀는 헬멧을 쓰니? 응, 맞아. ➡

8 너는 장미들을 좋아하니? 응, 맞아. ➡

단어 쓰기 Go, Go!

	단어	우리말			단어	우리말
quiet				touch		
open				enter		
sit down				close		
stand up				talk		

문장쓰기 Go, Go!

1 조용히 해라. ➡ Be

2 문을 열지 마라. ➡

3 앉아라. ➡

4 일어서라. ➡

5 그것을 만지지 마라. ➡

6 들어가지 마라. ➡

7 문을 닫아라. ➡

8 여기서 말하지 마라. ➡

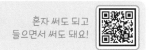

단어 쓰기 Go, Go!

	단어	우리말
clean		
together		
tennis		
meet		

	단어	우리말
buy		
swim		
home		
a computer game		

문장쓰기 Go, Go!

1 방 청소를 하자. ➡ Let's

2 함께 공부하자. ➡

3 테니스를 치자. ➡

4 오늘 만나지 말자. ➡

5 공을 사자. ➡

6 여기서 수영하지 말자. ➡

7 집에 가자. ➡

8 컴퓨터 게임을 하자. ➡

단어 쓰기 Go, Go!

	단어	우리말		단어	우리말
ski			help		
write			skate		
walk			cello		
run			well		

문장쓰기 Go, Go!

1 나는 스키를 탈 수 있다. ➡ I can

2 그는 쓸 수 없다. ➡ He can't

3 그녀는 걸을 수 없다. ➡

4 그는 빠르게 달릴 수 있다. ➡

5 그녀는 나를 도와줄 수 없다. ➡

6 그들은 스케이트를 탈 수 있다. ➡

7 그는 첼로를 연주할 수 있다. ➡

8 나는 수영을 잘할 수 없다. ➡

단어 쓰기 Go, Go!

	단어	우리말		단어	우리말
shoes			family		
sister			cook		
owl			brother		
cat			duck		

문장쓰기 Go, Go!

1

그것들은 무엇이니? ➡ What

그것들은 신발이다. ➡

2

그녀는 누구이니? ➡ Who

그녀는 나의 여동생이다. ➡

3

그것은 무엇이니? ➡

그것은 부엉이이다. ➡

4

그는 누구이니? ➡

그는 나의 남동생이다. ➡

5

그것들은 무엇이니? ➡

그것들은 나의 오리이다. ➡

혼자 써도 되고
들으면서 써도 돼요!

단어 쓰기 Go, Go!

	단어	우리말		단어	우리말
birthday			party		
test			concert		
park			library		
coat			book		

문장쓰기 Go, Go!

1 네 생일은 언제이니? ➡ When is

2 시험은 언제이니? ➡

3 공원은 어디에 있니? ➡ Where is

4 내 코트는 어디에 있니? ➡

5 파티는 언제이니? ➡

6 콘서트는 언제이니? ➡

7 도서관은 어디에 있니? ➡

8 네 책은 어디에 있니? ➡

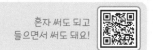

단어 쓰기 Go, Go!

	단어	우리말
toy		
truck		
book		
child		

	단어	우리말
doll		
cookie		
apple		
egg		

문장쓰기 Go, Go!

1 장난감이 몇 개 있니? ➡ How many

2 트럭은 몇 대 있니? ➡

3 그 책은 얼마이니? ➡ How much

4 아이들이 몇 명 있니? ➡

5 그 인형들은 얼마이니? ➡

6 쿠키가 몇 개 있니? ➡

7 그 사과는 얼마이니? ➡

8 달걀이 몇 개 있니? ➡

142

영문법 스타터 ②

Answer Key 정답 확인

본문 정답과
워크북 정답 페이지를
꼭 확인하세요!

01 둘 이상이면 -(e)s를 써요

a fox → foxes

They are foxes.
그것들은 여우들이다.

명사(e)s 동물, 사람, 사물 등이 여럿일 때 **명사(e)s**로 써요
명사가 **o, s, x, ch, sh**로 끝나면 **-es**를 붙여요.

하나	둘 이상

a dog / dogs
개 한 마리 / 개 여러 마리

개 a dog → dogs / a tomato → tomatoes 토마토
책 a book → books / a bus → buses 버스
손 a hand → hands / a box → boxes 상자
의자 a chair → chairs / a watch → watches 손목시계
오렌지 an orange → oranges / an octopus → octopuses 문어

그림을 보고 -s 혹은 -es와 함께 쓰세요.

chairs 의자들
hands 손들
oranges 오렌지들
boxes 상자들
tomatoes 토마토들
buses 버스들

10

Unit 01 p.11

-(e)s를 쓰지 않는 단어가 있어요

a mouse → mice

They are mice.
그것들은 쥐들이다.

여럿일 때 다른 모양 사람, 동물, 사물이 여럿일 때 -(e)s를 붙이지 않고 **명사 모양** 그대로 쓰거나, 모양을 다르게 바꿔 쓰는 경우가 있어요.

하나	둘 이상

a fish / fish
물고기 한 마리 / 물고기 여러 마리

물고기 a fish → fish / a man → men 남자
양 a sheep → sheep / a mouse → mice 쥐
사슴 a deer → deer / a tooth → teeth 치아
/ a woman → women 여자
/ a foot → feet 발
/ a child → children 아이

그림을 보고 단어의 모양을 바꿔 쓰세요.

mice 쥐들
children 어린이들
men 남자들
teeth 치아들
feet 발들
women 여자들

11

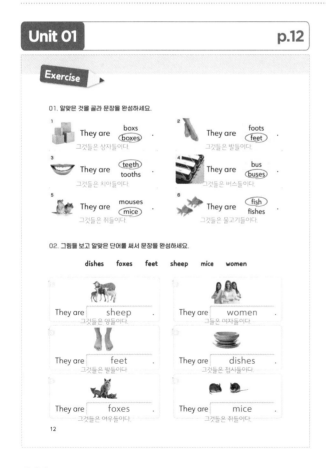

Unit 01 p.12

Exercise

01. 알맞은 것을 골라 문장을 완성하세요.

1. They are (boxes). 그것들은 상자들이다.
2. They are (feet). 그것들은 발들이다.
3. They are (teeth). 그것들은 치아들이다.
4. They are (buses). 그것들은 버스들이다.
5. They are (mice). 그것들은 쥐들이다.
6. They are (fish). 그것들은 물고기들이다.

02. 그림을 보고 알맞은 단어를 써서 문장을 완성하세요.

dishes   foxes   feet   sheep   mice   women

They are sheep. 그것들은 양들이다.
They are women. 그들은 여자들이다.
They are feet. 그것들은 발들이다.
They are dishes. 그것들은 접시들이다.
They are foxes. 그것들은 여우들이다.
They are mice. 그것들은 쥐들이다.

12

Unit 01 p.13

03. 주어진 단어를 보고 우리말에 맞게 문장을 쓰세요.

1. hand — They are hands. 그것들은 손들이다.
2. man — They are men. 그들은 남자들이다.
3. fish — They are fish. 그것들은 물고기들이다.
4. child — They are children. 그들은 어린이들이다.
5. tooth — They are teeth. 그것들은 치아들이다.
6. tomato — They are tomatoes. 그것들은 토마토들이다.
7. fox — They are foxes. 그것들은 여우들이다.

13

144

Unit 02 셀 수 있을 때, 단어 뒤에 -(e)s를 써요

a cup | cups

I have cups.
나는 컵들이 있다.

셀 수 있는 명사 하나, 둘 셀 수 있는 명사는 하나일 때는 <a + 명사>,
둘 이상은 명사(e)s로 써요.

	하나	둘 이상	
	a ball 공 한 개	balls 공 여러 개	

대부분의 명사	+s	books, desks, pens, cups, flowers
-o, -s, -x, -sh, -ch	+es	buses, boxes, dishes, churches

Check up 그림을 보고 a(an) 혹은 -s를 골라 함께 쓰세요.

rabbit — a rabbit 토끼 한 마리
egg — an egg 달걀 한 개
banana — a banana 바나나 한 개

rabbit — rabbits 토끼들
egg — eggs 달걀들
banana — bananas 바나나들

14

단어 뒤에 -(e)s를 쓸 수 없어요

breads | bread

I like bread.
나는 빵을 좋아한다.

셀 수 없는 명사 모양이 달라지거나 너무 많아서 셀 수 없는 명사는
<a + 명사>나 -(e)s를 쓸 수 없어요.

a(n)을 쓸 수 없어요	-(e)s를 쓸 수 없어요
∅ bread	bread~~s~~

앞에 a(n)을 쓸 수 없어요. a book	a(an)을 쓸 수 없어요. ∅ water → water
여럿은 -(e)s를 써요. books	복수형이 없어요. water~~s~~ → water

Check up 그림을 보고 알맞은 것을 골라 쓰세요.

(milk)/ a milk — milk 우유
(water)/ a water — water 물
a cheese /(cheese) — cheese 치즈

(sugar)/ sugars — sugar 설탕
juices /(juice) — juice 주스
(money)/ moneys — money 돈

15

Exercise

01. 알맞은 단어를 골라 V 하세요.

1. □ a sugar ✓sugar 설탕
2. □ a cheese ✓cheese 치즈
3. ✓money □ moneys 돈
4. □ rabbit ✓rabbits 토끼들
5. ✓a chair □ chair 의자 한 개
6. ✓butter □ butters 버터

02. 그림을 보고 알맞은 것을 골라 문장을 완성하세요.

1. I like □ a milk ✓milk 나는 우유를 좋아한다.
2. I like □ a bread ✓bread 나는 빵을 좋아한다.
3. I like ✓juice □ juices 나는 주스를 좋아한다.
4. I like □ an orange ✓oranges 나는 오렌지들을 좋아한다.
5. I like ✓cheese □ cheeses 나는 치즈를 좋아한다.
6. I like □ a ball ✓balls 나는 공들을 좋아한다.

16

03. 주어진 단어를 보고 우리말에 맞게 문장을 쓰세요.

1. banana — I like bananas. 나는 바나나들을 좋아한다.
2. bread — I like bread. 나는 빵을 좋아한다.
3. sugar — I need sugar. 나는 설탕이 필요하다.
4. money — I need money. 나는 돈이 필요하다.
5. ant — I see ants. 나는 개미들을 본다.
6. milk — I like milk. 나는 우유를 좋아한다.
7. cup — I need cups. 나는 컵들이 필요하다.

17

145

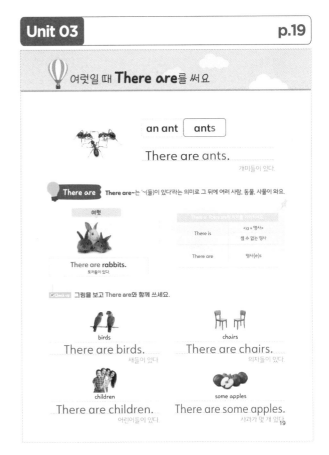

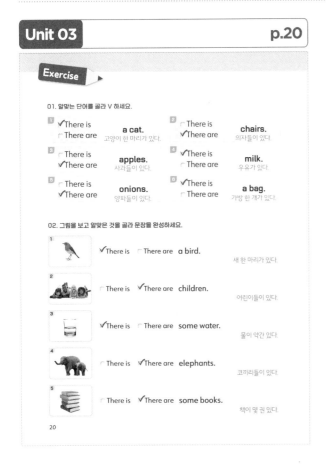

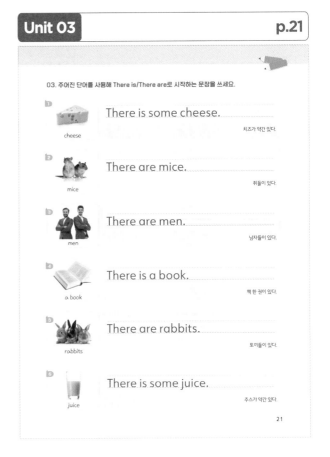

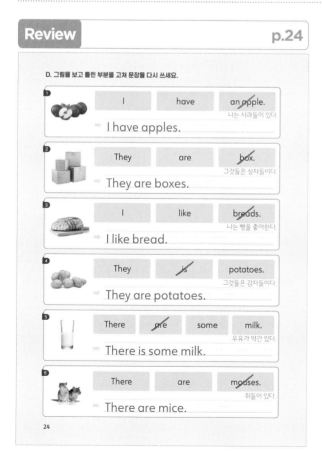

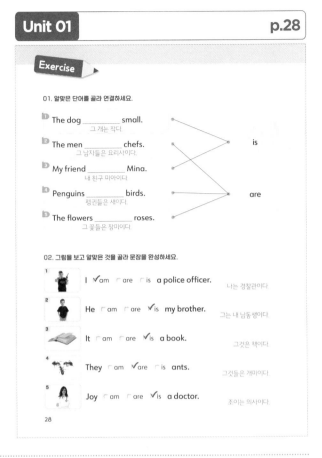

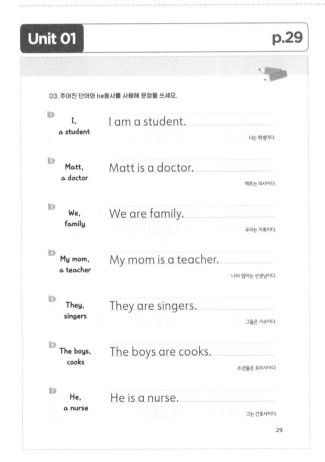

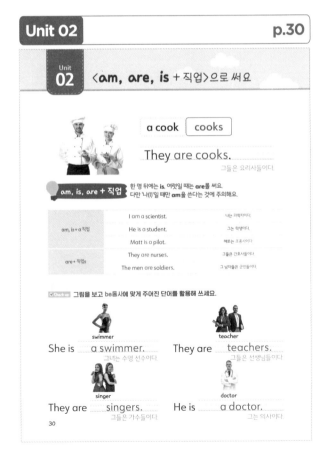

148

〈is, are + 동식물/사물〉로 써요

a dog | dogs

They are dogs.

그것들은 개들이다.

is, are + 동식물/사물   앞에 오는 말에 따라 is나 are를 쓰는 것처럼 뒤에 따라오는 말도
is 다음에는 하나, are 다음에는 여러 사람, 동식물, 사물 이름을 써요.

is + a 동식물 / 물건	It is a rose.	그것은 장미다.
	The bird is a penguin.	그 새는 펭귄이다.
	My pet is a dog.	내 애완동물은 개다.
are + 동식물s / 물건s	They are roses.	그것들은 장미들이다.
	Elephants are animals.	코끼리들은 동물들이다.

Check up 그림을 보고 be동사에 맞게 주어진 단어를 활용해 쓰세요.

ball
It is   a ball.
그것은 공이다.

tomato
They are   tomatoes.
그것들은 토마토들이다.

ant
They are   ants.
그것들은 개미들이다.

pencil
It is   a pencil.
그것은 연필이다.

31

Exercise

01. 알맞은 단어를 골라 V 하세요.

1. ☑It is ☐They are   **a tree.**   그것은 나무이다.

2. ☐It is ☑They are   **trees.**   그것들은 나무들이다.

3. ☐I am ☑We are   **friends.**   우리는 친구들이다.

4. ☐It is ☑They are   **foxes.**   그것들은 여우들이다.

5. ☑It is ☐They are   **a bag.**   그것은 가방이다.

6. ☑He is ☐They are   **a singer.**   그는 가수이다.

02. 그림을 보고 알맞은 것을 골라 문장을 완성하세요.

1. ☑He is ☐We are   **a farmer.**   그는 농부이다.

2. ☐She is ☑They are   **firefighters.**   그들은 소방관들이다.

3. ☐It is ☑They are   **crayons.**   그것들은 크레용들이다.

4. ☑It is ☐They are   **a bird.**   그것은 새이다.

5. ☐The cat is ☑The cats are   **my pets.**   그 고양이들은 나의 애완동물들이다.

32

03. 주어진 단어와 be동사를 사용해 우리말에 맞게 문장을 쓰세요.

1. tennis players   They are tennis players.
그들은 테니스 선수들이다.

2. a bird   It is a bird.
그것은 새이다.

3. a swimmer   She is a swimmer.
그녀는 수영 선수이다.

4. roses   They are roses.
그것들은 장미들이다.

5. a scientist   He is a scientist.
그는 과학자이다.

6. ants   They are ants.
그것들은 개미들이다.

7. bakers   We are bakers.
우리들은 제빵사들이다.

33

Unit 03   '~안에 있다'는 be동사 뒤에 in을 써요

is | is in

It is in the bag.

그것은 가방 안에 있다.

am, is, are + in   사람, 동물 또는 사물이 '~안에 있다'고 할 때 in을 사용하여
〈am, is, are + in〉으로 써요.

그것은 병이다.
It is a bottle.

그것은 병 안에 있다.
It is in the bottle.

| be동사 | ~이다 | It is a box. | 그것은 상자이다. |
| be동사 + in | ~안에 있다 | It is in the box. | 그것은 상자 안에 있다. |

Check up 그림을 보고 주어진 단어를 사용해 in과 함께 쓰세요.

box
It is   in the box.
그것은 상자 안에 있다.

basket
It is   in the basket.
그것은 바구니 안에 있다.

hat
It is   in the hat.
그것은 모자 안에 있다.

bag
It is   in the bag.
그것은 가방 안에 있다.

34

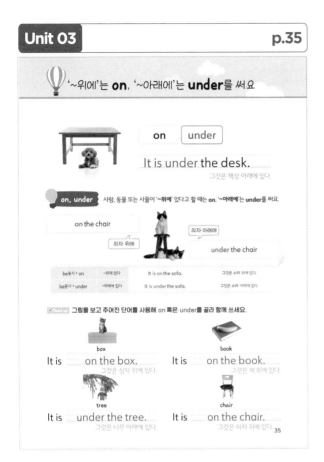

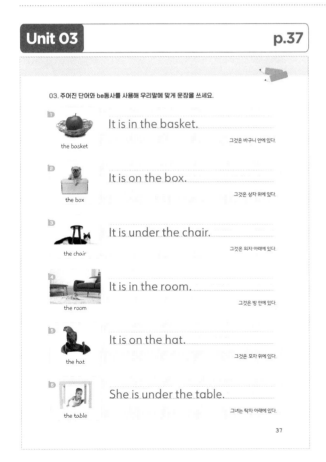

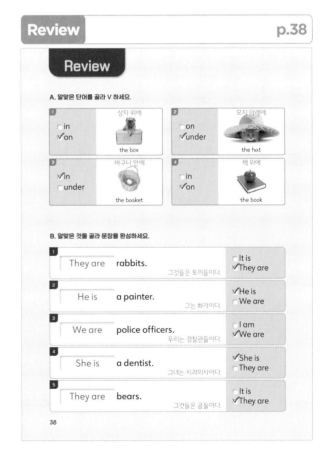

C. 그림을 보고 주어진 단어를 이용하여 문장을 쓰세요.

1. They | table   그것들은 탁자 위에 있다.
They are on the table.

2. Cats | bag   고양이들은 가방 안에 있다.
Cats are in the bag.

3. It | umbrella   그것은 우산 아래에 있다.
It is under the umbrella.

4. She | room   그녀는 방 안에 있다.
She is in the room.

D. 알맞은 단어를 고르고 문장을 다시 쓰세요.

1. It is (an egg / eggs).   그것은 달걀이다.
It is an egg.

2. They are (a potato / potatoes).   그것들은 감자들이다.
They are potatoes.

3. (It is / They are) a bear.   그것은 곰이다.
It is a bear.

4. (It is / They are) buses.   그것은 버스들이다.
They are buses.

39

D. 그림을 보고 틀린 부분을 고쳐 문장을 다시 쓰세요.

1. It | is | on the box.   그것은 상자 안에 있다.
➡ It is in the box.

2. I | am | doctors.   나는 의사이다.
➡ I am a doctor.

3. They | are | an iguana.   그것들은 이구아나들이다.
➡ They are iguanas.

4. The cat | is | in the bed.   그 고양이는 침대 위에 있다.
➡ The cat is on the bed.

5. It | is | balls.   그것은 공이다.
➡ It is a ball.

6. We | are | a nurse.   우리는 간호사들이다.
➡ We are nurses.

40

Unit 01 형용사는 크기, 상태를 표현해요

big | small

It is small.
그것은 작다.

형용사 동물, 사람, 사물 등의 크기, 상태 등을 나타내는 말을 형용사라고 해요.

big 큰 | fast 빠른 | long 긴
small 작은 | slow 느린 | short 짧은

문장 정리하기	주어	is / are	형용사
	It / They	is / are	big.

그것은/그것들은 크다.

✓ 그림에 알맞은 형용사를 연결하고 쓰세요.

short | slow | small

It is short. | It is slow. | It is small
그것은 짧다. | 그것은 느리다. | 그것은 작다.

42

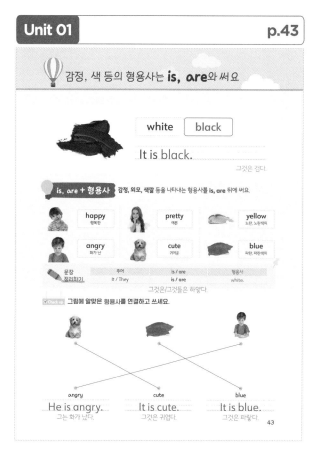

감정, 색 등의 형용사는 is, are와 써요

white | black

It is black.
그것은 검다.

is, are + 형용사 감정, 외모, 색깔 등을 나타내는 형용사를 is, are 뒤에 써요.

happy 행복한 | pretty 예쁜 | yellow 노란, 노란색이
angry 화가 난 | cute 귀여운 | blue 파란, 파란색이

문장 정리하기	주어	is / are	형용사
	It / They	is / are	white.

그것은/그것들은 하얗다.

✓ 그림에 알맞은 형용사를 연결하고 쓰세요.

angry | cute | blue

He is angry. | It is cute. | It is blue.
그는 화가 났다. | 그것은 귀엽다. | 그것은 파랗다.

43

151

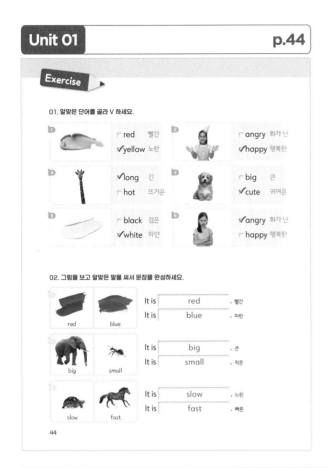

Exercise

01. 알맞은 단어를 골라 V 하세요.

1. ☐ red 빨간 / ✓yellow 노란
2. ☐ angry 화가 난 / ✓happy 행복한
3. ✓long 긴 / ☐ hot 뜨거운
4. ☐ big 큰 / ✓cute 귀여운
5. ☐ black 검은 / ✓white 하얀
6. ✓angry 화가 난 / ☐ happy 행복한

02. 그림을 보고 알맞은 말을 써서 문장을 완성하세요.

red / blue
It is **red** . 빨간
It is **blue** . 파란

big / small
It is **big** . 큰
It is **small** . 작은

slow / fast
It is **slow** . 느린
It is **fast** . 빠른

44

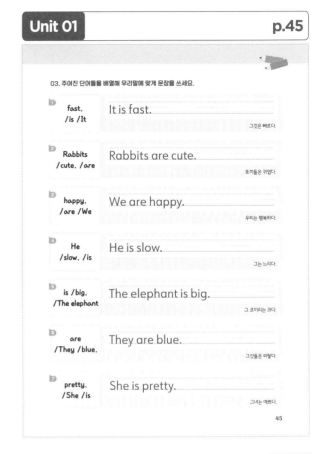

03. 주어진 단어들을 배열해 우리말에 맞게 문장을 쓰세요.

1. fast. /is /It
It is fast.
그것은 빠르다.

2. Rabbits /cute. /are
Rabbits are cute.
토끼들은 귀엽다.

3. happy. /are /We
We are happy.
우리는 행복하다.

4. He /slow. /is
He is slow.
그는 느리다.

5. is /big. /The elephant
The elephant is big.
그 코끼리는 크다.

6. are /They /blue.
They are blue.
그것들은 파랗다.

7. pretty. /She /is
She is pretty.
그녀는 예쁘다.

45

Unit 02 반대 의미의 형용사가 있어요

full | hungry

She is hungry.
그녀는 배고프다.

반대 의미 형용사 반대 의미를 나타내는 형용사를 알아봐요.

😊 happy 행복한
🐶 wet 젖은
☕ hot 뜨거운
☹ sad 슬픈
🐶 dry 마른
cold 차가운

문장 정리하기

주어	is / are	형용사
It / They	is / are	hot.

그것은/그것들은 뜨겁다.

Check up 그림에 알맞은 형용사를 연결하고 문장을 쓰세요.

sad | cold | wet

It is sad.
그것은 슬프다.

It is cold.
그것은 차갑다.

It is wet.
그것은 젖었다.

46

형용사는 명사를 꾸며 줄 수 있어요

light | heavy

It is a heavy bag.
그것은 무거운 가방이다.

형용사 + 명사 형용사는 명사 앞에서 꾸며 줄 수 있어요. a happy boy (행복한 소년)

light / heavy 가벼운 / 무거운
dirty / clean 더러운 / 깨끗한
old / new 낡은 / 새로운

문장 정리하기

주어	동사	형용사 + 명사	
It	is	a small dog.	그것은 작은 개이다.
I	like	the yellow cup.	나는 그 노란 컵을 좋아한다.
They	are	hungry lions.	그것들은 배고픈 사자이다.

Check up 그림에 알맞은 형용사를 연결하고 문장을 쓰세요.

ball — light
T-shirt — old
feather — clean

It is a light feather.
그것은 가벼운 깃털이다

It is an old ball.
그것은 낡은 공이다.

It is a clean T-shirt .
그것은 깨끗한 티셔츠이다.

47

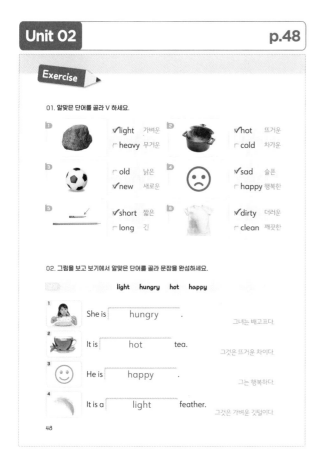

153

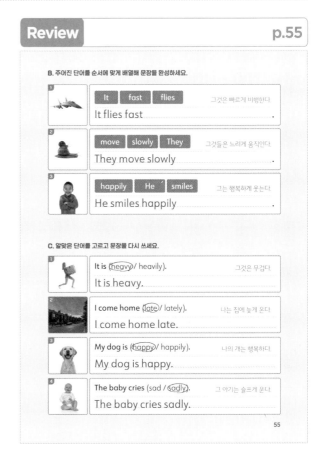

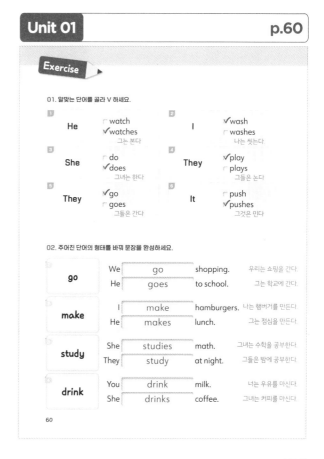

03. 주어진 단어를 보고 우리말에 맞게 문장을 쓰세요.

go to school
He goes to school.
그는 학교에 간다.

push the door
She pushes the door.
그녀는 문을 민다.

like milk
It likes milk.
그것은 우유를 좋아한다.

watch TV
They watch TV.
그들은 TV를 본다.

do the dishes
He does the dishes.
그는 설거지를 한다.

play soccer
We play soccer.
우리는 축구를 한다.

swim fast
They swim fast.
그것들은 빠르게 수영한다.

61

Unit 02 아니라고 할 때 do not을 써요

eat   do not eat

I do not eat pizza.
나는 피자를 먹지 않는다.

do not + 동사 '~하지 않는다'는 <do not + 동사>로 말해요. do not은 **don't**로 줄여 써요.

나는 돈이 없다.
I do not have money.

너는 의자가 필요없다.
You do not need a chair.

문장 정리하기

주어	do not(don't)	동사 ~
I	do not(=don't)	like bugs.

나는 벌레를 좋아하지 않는다.

Check up 그림을 보고 주어진 문장을 바꿔 쓰세요.

나는 마스크를 쓴다 **I wear** a mask.
I do not wear a hat.
나는 모자를 쓰지 않는다
= I don't wear a hat.

나는 쿠키를 만든다 **You make** cookies.
You do not make bread.
너는 빵을 만들지 않는다
= You don't make bread.

62

---

do not을 쓰는 주어들을 배워요

live   do not live

They do not live there.
그들은 거기에 살지 않는다

I/You/We/They do not 하지 않는 행동은 <do not(don't) + 동사>로 말해요.

| I don't | You don't | We don't | They don't |

우리는 거기에 가지 않는다.
We do not go there.

그들은 강에서 수영하지 않는다.
They do not swim in the river.

문장 정리하기

주어	do not(don't)	동사 ~
I / You / We / They	do not(=don't)	make a cake.

나/너/우리/그들은 케이크를 만들지 않는다

Check up 그림을 보고 주어진 문장을 바꿔 쓰세요.

우리는 학교에 간다 **We go** to school.
We do not go to church.
우리는 교회에 가지 않는다
= We don't go to church.

그들은 병원에서 일한다 **They work** at the hospital.
They do not work at a school.
그들은 학교에서 일하지 않는다
= They don't work at a school.

63

Exercise

01. 그림을 보고 알맞은 것을 골라 V 하세요.

I ✓eat   do not eat   **chocolate.**
나는 초콜릿을 먹는다.

You   ride   ✓do not ride   **a bike.**
너는 자전거를 타지 않는다.

We ✓play   do not play   **soccer.**
우리는 축구를 한다.

They   have   ✓do not have   **umbrellas.**
그들은 우산을 가지고 있지 않다.

02. 빈칸에 들어갈 알맞은 것을 고르고 쓰세요.

Cats   don't like   water.
고양이들은 물을 좋아하지 않는다.
   like
✓don't like

Elephants   don't eat   meat.
코끼리들은 고기를 먹지 않는다.
   eat
✓don't eat

Turtles   move   slowly.
거북이들은 느리게 움직인다.
✓move
   don't move

Birds   have   wings.
새들은 날개가 있다.
✓have
   don't have

64

156

03. 주어진 단어를 보고 우리말에 맞게 문장을 쓰세요.   * do not은 don't로 써도 됩니다.

① wear glasses — We do not wear glasses.
우리는 안경을 쓰고 있지 않다.

② have a pencil — I do not have a pencil.
나는 연필을 가지고 있지 않다.

③ eat carrots — They do not eat carrots.
그것은 당근을 먹지 않는다.

④ read books — You do not read books.
너는 책을 읽지 않는다.

⑤ ride a bike — I do not ride a bike.
나는 자전거를 타지 않는다.

⑥ drink coffee — We do not drink coffee.
우리는 커피를 마시지 않는다.

⑦ make bread — They do not make bread.
그들은 빵을 만들지 않는다.

65

Unit 03 아니라고 할 때 does not을 써요

eat | does not eat

It does not eat fish.
그것은 물고기를 먹지 않는다.

does not + 동사원형   '~하지 않는다'라는 의미의 부정문은 주어가 He, She, It일 때 does not을 쓰고 그 다음에 동사를 그대로 써야 해요.

He cooks well. → He doesn't cook well.

그는 요리를 잘하지 않는다.
He does not cook well.

그녀는 달리지 않는다.
She does not run.

문장 정리하기	주어	does not(= doesn't)	동사~
	He / She / It	does not(= doesn't)	run fast.

그/그녀/그것은 빠르게 달리지 않는다.

✔Check up 그림을 보고 주어진 문장을 바꿔 쓰세요.

그는 김치를 원한다. **He wants** kimchi.
He does not want fish.
그는 생선을 원하지 않는다.
= He doesn't want fish.

그는 자전거를 고친다. **He fixes** a bike.
He does not fix a car.
그는 차를 고치지 않는다.
= He doesn't fix a car.

66

do not과 does not을 정리해 봐요

do not | does not

He does not like soup.
그는 스프를 좋아하지 않는다.

do not / does not   아니라고 부정할 때 주어에 따라 do not 또는 does not을 구별해서 써야 해요.

I / You / We / They do not

나는 빵을 먹지 않는다. I don't eat bread.
너는 주스를 마시지 않는다. You don't drink juice.
우리는 고양이가 있지 않다. We don't have a cat.
그것들은 밤에 자지 않는다. They don't sleep at night.

He / She / It does not

He doesn't go shopping. 그는 쇼핑가지 않는다.
She doesn't make dinner. 그녀는 저녁을 만들지 않는다.
It doesn't run fast. 그것은 빠르게 달리지 않는다.

✔Check up 그림을 보고 주어진 문장을 바꿔 쓰세요.

그것은 꼬리가 있다. **It has** a tail.
It does not have hair.
그것은 털이 있지 않다.
= It doesn't have hair.

그것들은 느리게 움직인다. **They move** slowly.
They do not move fast.
그것들은 빠르게 움직이지 않는다.
= They don't move fast.

67

Exercise

01. 알맞은 단어를 골라 V 하세요.

① It   ☐ do not   ✔does not
② They   ✔do not   ☐ does not
③ She   ☐ do not   ✔does not
④ He   ☐ don't   ✔doesn't
⑤ We   ✔do not   ☐ does not
⑥ I   ✔don't   ☐ doesn't

02. 빈칸에 알맞은 말을 골라 문장을 완성하세요.

He [doesn't] jump high.   ☐ don't   ✔doesn't
그는 높게 점프하지 않는다.

We [don't] have books.   ✔don't   ☐ doesn't
우리는 책을 가지고 있지 않다.

They [don't] sleep at night.   ✔don't   ☐ doesn't
그것들은 밤에 잠을 자지 않는다.

She doesn't [drink] coffee.   ✔drink   ☐ drinks
그녀는 커피를 마시지 않는다.

68

157

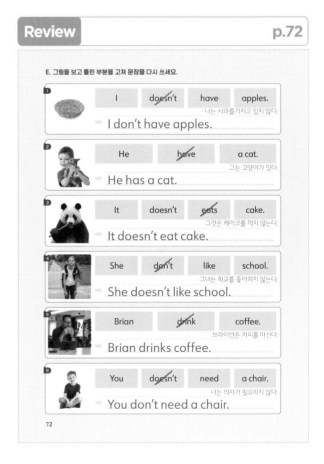

Unit 01 I am과 I cook을 구별해요

| I am | I cook |

I am a cook.
나는 요리사이다.

be동사와 일반동사 1 이름, 직업 등 **누구인지** 말할 때는 **be동사**를 쓰고 '~하다'라고 동작을 말할 때는 **일반동사**를 써요.

그는 축구선수이다.

그는 축구를 한다.

He is a soccer player.   He plays soccer.

문장 정리하기

be동사 (이다 / 있다)	일반동사 (하다)
You are a doctor. 너는 의사이다.	We play the piano. 우리는 피아노를 연주한다.
He is in the park. 그는 공원에 있다.	He runs in the park. 그는 공원에서 달린다.

그림을 보고 알맞은 단어를 골라 쓰세요.

is / dances

She __is__ a dancer.
그녀는 댄서이다.

She __dances__.
그녀는 춤춘다.

do / are

We __do__ our homework.
우리는 숙제를 한다.

We __are__ students.
우리는 학생이다.

74

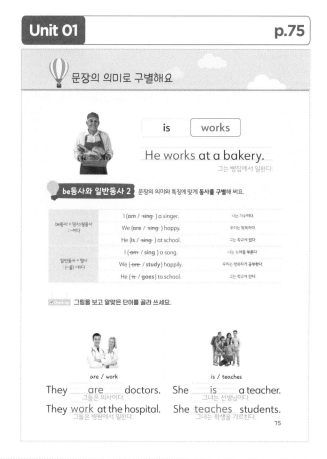

문장의 의미로 구별해요

| is | works |

He works at a bakery.
그는 빵집에서 일한다.

be동사와 일반동사 2 문장의 의미와 특징에 맞게 **동사를 구별**해 써요.

be동사 + 명사/형용사 : ~이다	I (am / sing) a singer.	나는 가수이다.
	We (are / sing) happy.	우리는 행복하다.
	He (is / sing) at school.	그는 학교에 있다.
일반동사 + 명사 : (~을)~하다	I (am / sing) a song.	나는 노래를 부른다.
	We (are / study) happily.	우리는 행복하게 공부한다.
	He (is / goes) to school.	그는 학교에 간다.

그림을 보고 알맞은 단어를 골라 쓰세요.

are / work

They __are__ doctors.
그들은 의사이다.

They __work__ at the hospital.
그들은 병원에서 일한다.

is / teaches

She __is__ a teacher.
그녀는 선생님이다.

She __teaches__ students.
그녀는 학생을 가르친다.

75

Exercise

01. 그림을 보고 알맞은 것을 골라 V 하세요.

① You ✓are ☐cook a cook.
너는 요리사이다.

② You ☐are ✓cook well.
너는 요리를 잘한다.

③ He ☐is ✓works at the restaurant.
그는 식당에서 일한다.

④ He ✓is ☐works a chef.
그는 요리사이다.

02. 알맞은 것을 골라 문장을 완성하세요.

1 I ✓am ☐study a student.
나는 학생이다.

2 It ✓is ☐flies a bird.
그것은 새이다.

3 He ☐is ✓reads books.
그는 책을 읽는다.

4 They ☐are ✓go to school.
그들은 학교에 간다.

5 She ☐is ✓studies English.
그녀는 영어를 공부한다.

6 It ☐is ✓moves slowly.
그것은 느리게 움직인다.

76

03. 알맞은 단어를 골라 우리말에 맞게 문장을 쓰세요.

① ✓am ☐read   I am a reader.
나는 독자이다.

② ☐am ✓read   I read books.
나는 책을 읽는다.

③ ✓are ☐work   They are firefighters.
그들은 소방관이다.

④ ☐are ✓work   They work at a fire station.
그들은 소방서에서 일한다.

⑤ ☐is ✓grows   She grows vegetables.
그녀는 야채를 재배한다.

⑥ ✓is ☐grows   She is a farmer.
그녀는 농부이다.

⑦ ✓is ☐goes   He is a student.
그는 학생이다.

77

159

Unit 02 Do로 질문해요

| Do | Does |

Do you like candies?

너는 캔디를 좋아하니?

Do you/they 동사~? you, we, they일 때는 Do you/we/they~?로 질문해요.

문장 앞에 Do를 써서 질문해요.

| You | | like kimchi. |

너는 김치를 좋아한다.

| Do | you | like kimchi? |

너는 김치를 좋아하니?

| Do | we you they | like...? |

🔲Check Up 그림을 보고 문장을 바꿔 쓰세요.

You study English.   너는 영어를 공부한다.
Do you study English?
너는 영어를 공부하니?

They play the piano.   그들은 피아노를 연주한다.
Do they play the piano?
그들은 피아노를 연주하니?

You eat breakfast.   너희들은 아침을 먹는다.
Do you eat breakfast?
너희들은 아침을 먹니?

78

🎈 **Does**로 질문해요

| Do | Does |

Does he drive a car?

그는 운전을 하니?

Does he/she/it 동사~? he, she, it일 때는 Does를 쓰고 동사도 그대로 써야 해요.

문장 앞에 Does를 써서 질문해요.

| It | | eats meat. |

그것은 고기를 먹는다.

| Does | it | eat meat? |

그것은 고기를 먹니?

I, you, we, they가 주어일 때
They play soccer.
→ Do they play soccer? 그들은 축구를 하니?

he, she, it이 주어일 때
He plays baseball.
→ Does he play baseball? 그는 야구를 하니?

🔲Check Up 그림을 보고 문장을 바꿔 쓰세요.

She wears glasses.   그녀는 안경을 쓴다.
Does she wear glasses?
그녀는 안경을 쓰니?

It lives in water.   그것은 물에 산다.
Does it live in water?
그것은 물에 사니?

He wants water.   그는 물을 원한다.
Does he want water?
그는 물을 원하니?

79

Exercise

01. 알맞은 단어를 골라 V 하세요.

1. ☐ Do ☑ Does   **he sing?** 그는 노래하니?
2. ☑ Do ☐ Does   **they cry?** 그들은 우니?
3. ☑ Do ☐ Does   **you walk?** 너는 걷니?
4. ☐ Do ☑ Does   **she swim?** 너는 수영하니?
5. ☐ Do ☑ Does   **it sleep?** 그것은 자니?
6. ☑ Do ☐ Does   **we go?** 우리는 가니?

02. 주어진 문장을 질문하는 문장으로 바꿔 쓰세요.

You study math.   너는 수학을 공부한다.
Do you study math?
너는 수학을 공부하니?

He cries at night.   그는 밤에 운다.
Does he cry at night?
그는 밤에 우니?

She eats cheese.   그녀는 치즈를 먹는다.
Does she eat cheese?
그녀는 치즈를 먹니?

They have long ears.   그들은 긴 귀가 있다.
Do they have long ears?
그들은 긴 귀가 있니?

80

03. 주어진 말을 이용해 우리말에 맞게 문장을 쓰세요.

1. **have a dog**   Do you have a dog?   너는 개를 가지고 있니?

2. **like juice**   Does she like juice?   그녀는 주스를 좋아하니?

3. **have legs**   Do they have legs?   그것들은 다리가 있니?

4. **make dinner**   Does he make dinner?   그는 저녁을 만드니?

5. **sleep at night**   Does it sleep at night?   그것은 밤에 자니?

6. **cook**   Do you cook?   너는 요리하니?

7. **play baseball**   Does she play baseball?   그녀는 야구를 하니?

81

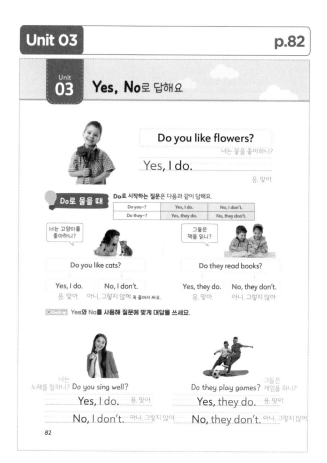

Unit 03   Yes, No로 답해요

Do you like flowers?
너는 꽃을 좋아하니?

Yes, I do.
응, 맞아.

Do로 물을 때   Do로 시작하는 질문은 다음과 같이 답해요.

| Do you~? | Yes, I do. | No, I don't. |
| Do they~? | Yes, they do. | No, they don't. |

너는 고양이를 좋아하니?

Do you like cats?
Yes, I do. 응, 맞아.   No, I don't. 아니, 그렇지 않아. / 못 들어서 써요.

그들은 책을 읽니?

Do they read books?
Yes, they do. 응, 맞아.   No, they don't. 아니, 그렇지 않아.

Check up   Yes와 No를 사용해 질문에 맞게 대답을 쓰세요.

너는 노래를 잘하니? Do you sing well?
Yes, I do. 응, 맞아.
No, I don't. 아니, 그렇지 않아.

그들은 게임을 하니? Do they play games?
Yes, they do. 응, 맞아.
No, they don't. 아니, 그렇지 않아.

82

Yes, No 다음에 does로 답해요

Does he want water?
그는 물을 원하니?

Yes, he does.
응, 맞아.

Does로 물을 때   Does로 시작하는 질문은 다음과 같이 답해요.

| Does he/she~? | Yes, he/she does. | No, he/she doesn't. |
| Does it~? | Yes, it does. | No, it doesn't. |

그것은 생선을 좋아하니?

Does it like fish?
Yes, it does. 응, 맞아.
No, it doesn't. 아니, 그렇지 않아.

Do 질문에 답하기   Do   they sleep well?   → Yes, they do. / No, they don't.
그들은 잘 자니?

Does 질문에 답하기   she like fruits?   → Yes, she does. / No, she doesn't.
그녀는 과일을 좋아하니?   응, 맞아 / 아니, 그렇지 않아

Check up   그림을 보고 질문에 맞는 대답을 쓰세요.

그녀는 꽃을 좋아하니? Does she like flowers?
Yes, she does. 응, 맞아.

Does it fly? 그것은 나니?
No, it doesn't. 아니, 그렇지 않아.

그는 연필이 필요하니? Does he need pencils?
No, he doesn't. 아니, 그렇지 않아.

그것은 빠르게 달리니? Does it run fast?
Yes, it does. 응, 맞아.

83

Exercise

01. 질문에 알맞은 대답을 골라 V 하세요.

Do you watch TV?
너는 TV를 보니?
☑Yes, I do. 응, 맞아.
☐No, I don't. 아니, 그렇지 않아.

Does she eat lunch?
그녀는 점심을 먹니?
☐Yes, she does. 응, 맞아.
☑No, she doesn't. 아니, 그렇지 않아.

Does it swim?
그것은 수영하니?
☑Yes, it does. 응, 맞아.
☐No, it doesn't. 아니, 그렇지 않아.

Do you wear glasses?
너는 안경을 쓰니?
☑Yes, I do. 응, 맞아.
☐No, I don't. 아니, 그렇지 않아.

02. 질문에 알맞은 대답을 연결하세요.

Does it eat carrots?
그것은 당근을 먹니?

Does she have a robot?
그녀는 로봇이 있니?

Do they eat pizza?
그들은 피자를 먹니?

Do you like roses?
너는 장미를 좋아하니?

No, she doesn't. 아니, 그렇지 않아.
No, it doesn't. 아니, 그렇지 않아.
Yes, I do. 응, 맞아.
Yes, they do. 응, 맞아.

84

03. 그림을 보고 질문에 맞는 대답을 쓰세요.

1 Do they play the piano? 그들은 피아노를 연주하니?
Yes, they do.
응, 맞아.

2 Does she eat vegetables? 그녀는 야채를 먹니?
No, she doesn't.
아니, 그렇지 않아.

3 Does he ride a bike? 그는 자전거를 타니?
Yes, he does.
응, 맞아.

4 Do they play soccer? 그들은 축구를 하니?
No, they don't.
아니, 그렇지 않아.
Do they wear helmets? 그들은 헬멧을 쓰니?
Yes, they do.
응, 맞아.

5 Does it eat pizza? 그것은 피자를 먹니?
No, it doesn't.
아니, 그렇지 않아.
Does it have long ears? 그것은 긴 귀가 있니?
Yes, it does.
응, 맞아.

85

161

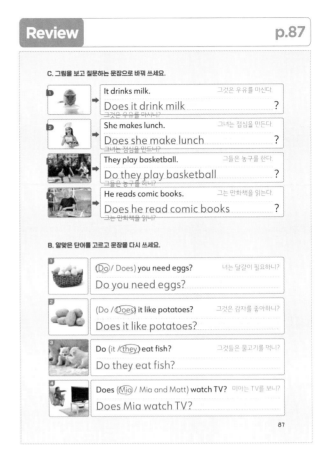

162

Don't로 문장을 시작해요

Run | Don't

Don't run here.
여기서 뛰지 마라.

Don't '~하지 마라'라고 할 때 <Don't + 동사>로 말해요.

문을 닫지 마라.
Don't close the door.

패스트푸드를 먹지 마라.
Don't eat fast food.

Drink milk. 마셔라
Don't drink milk. 마시지 마라

Touch it. 만져라
Don't touch it. 만지지 마라

Check up 그림을 보고 Don't와 함께 쓰세요.

touch
Don't touch.
만지지 마라.

run
Don't run.
뛰지 마라.

sit
Don't sit.
앉지 마라.

enter
Don't enter.
들어가지 마라.

91

Exercise

01. 알맞은 것을 골라 문장을 완성하세요.

✓Wash ☐Washes your hands.
손을 씻어라.

☐Not ✓Don't swim here.
여기서 수영하지 마라.

✓Open ☐Close your book.
책을 펴라.

✓Don't ☐Doesn't talk here.
여기서 말하지 마라.

02. 그림을 보고 알맞은 표현을 골라 V 하세요.

☐Eat food. 먹어라.
✓Don't eat. 먹지 마라.
✓Drink milk. 우유를 마셔라
☐Don't drink. 마시지 마라

☐Touch it. 만져라.
✓Don't touch 만지지 마라.
✓Sit down. 앉아라.
☐Don't sit. 앉지 마라.

☐Enter. 들어가라.
✓Don't enter. 들어가지 마라.
✓Stand up. 일어나라.
☐Sit down. 앉아라.

92

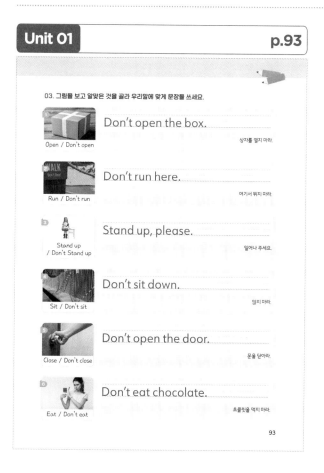

03. 그림을 보고 알맞은 것을 골라 우리말에 맞게 문장을 쓰세요.

Open / Don't open
Don't open the box.
상자를 열지 마라.

Run / Don't run
Don't run here.
여기서 뛰지 마라.

Stand up / Don't Stand up
Stand up, please.
일어나 주세요.

Sit / Don't sit
Don't sit down.
앉지 마라.

Close / Don't close
Don't open the door.
문을 닫아라.

Eat / Don't eat
Don't eat chocolate.
초콜릿을 먹지 마라.

93

Unit 02 Let's로 문장을 시작해요

Let's | Let's not

Let's go there.
저기로 가자.

Let's <Let's + 동사>는 '~하자'라고 제안하는 말이에요.

축구하자.
Let's play soccer.

방을 청소하자.
Let's clean the room.

추가 문장
Let's buy flowers. 꽃을 사자.
Let's go to the beach. 해변에 가자.
Let's study together. 같이 공부하자.
Let's play soccer. 축구를 하자.

Check up 주어진 말을 이용해 Let's로 시작하는 문장을 쓰세요.

swim here
Let's swim here.
여기서 수영하자.

study together
Let's study together.
함께 공부하자.

play tennis
Let's play tennis.
테니스를 하자.

eat lunch
Let's eat lunch.
점심을 먹자.

94

163

164

할 수 없다면 can't를 써요

can walk | can't walk

He can't walk.
그는 걸을 수 없다.

can't + 동사   can't는 '~할 수 없다'는 뜻으로 cannot의 줄임말로 동사와 함께 써요.

그는 운전할 수 없다.
그녀는 요리할 수 없다.

He can't drive.   She can't cook.

추가 문장   Babies can't walk fast.   아기들은 빨리 걸을 수 없다.
She can't help me.   그녀는 나를 도울 수 없다.

Check up 그림을 보고 주어진 말을 이용해 can't와 함께 문장을 쓰세요.

It / fly
It can't fly.
그것은 날 수 없다.

They / run fast
They can't run fast.
그것들은 빠르게 달릴 수 없다.

I / ride
I can't ride.
나는 탈 수 없다.

He / play
He can't play.
그는 연주할 수 없다.

99

Exercise

01. 알맞은 단어를 골라 V 하세요.

1. She ☐ can run. ☑ can't run. 그녀는 달릴 수 없다.
2. It ☑ can swim. ☐ can't swim. 그것은 헤엄칠 수 있다.
3. He ☐ can ride. ☑ can't ride. 그는 탈 수 없다.
4. They ☑ can skate. ☐ can't skate. 그들은 스케이트를 탈 수 있다.
5. Birds ☑ can fly. ☐ can't fly. 새들은 날 수 있다.
6. Babies ☐ can talk. ☑ can't talk. 아기들은 말할 수 없다.

02. 그림을 보고 알맞은 것을 골라 문장을 완성하세요.

1. We ☐ can ☑ can't cook well.
우리는 요리를 잘 할 수 없다.

2. It ☐ can ☑ can't walk.
그것은 걸을 수 없다.

3. She ☑ can ☐ can't read books.
그녀는 책을 읽을 수 있다.

4. I ☑ can ☐ can't sleep well.
나는 잘 잘 수 있다.

100

03. 주어진 단어를 보고 우리말에 맞게 문장을 쓰세요.

1. sleep   He can't sleep.
그는 잘 수 없다.

2. fly   They can't fly.
그것들은 날 수 없다.

3. run fast   It can run fast.
그것은 빨리 달릴 수 있다.

4. walk fast   I can't walk fast.
나는 빨리 걸을 수 없다.

5. write   She can write.
그녀는 쓸 수 있다.

6. ride a bike   He can't ride a bike.
그는 자전거를 탈 수 없다.

7. play the cello   We can play the cello.
우리는 첼로를 연주할 수 있다.

101

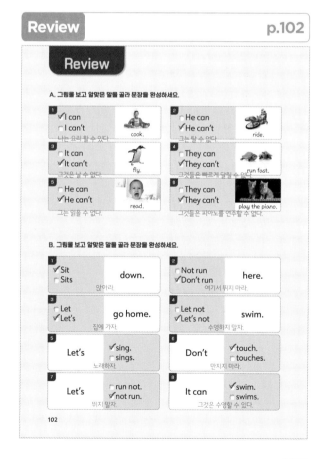

Review

A. 그림을 보고 알맞은 말을 골라 문장을 완성하세요.

1. ☑ I can ☐ I can't cook.
나는 요리할 수 있다.

2. ☐ He can ☑ He can't ride.
그는 탈 수 없다.

3. ☐ It can ☑ It can't fly.
그것은 날 수 없다.

4. ☐ They can ☑ They can't run fast.
그것들은 빠르게 달릴 수 없다.

5. ☐ He can ☑ He can't read.
그는 읽을 수 없다.

6. ☐ They can ☑ They can't play the piano.
그것들은 피아노를 연주할 수 없다.

B. 그림을 보고 알맞은 말을 골라 문장을 완성하세요.

1. ☑ Sit ☐ Sits down.
앉아라.

2. ☐ Not run ☑ Don't run here.
여기서 뛰지 마라.

3. ☐ Let ☑ Let's go home.
집에 가자.

4. ☐ Let not ☑ Let's not swim.
수영하지 말자.

5. Let's ☑ sing. ☐ sings.
노래하자.

6. Don't ☑ touch. ☐ touches.
만지지 마라.

7. Let's ☐ run not. ☑ not run.
뛰지 말자.

8. It can ☑ swim. ☐ swims.
그것은 수영할 수 있다.

102

165

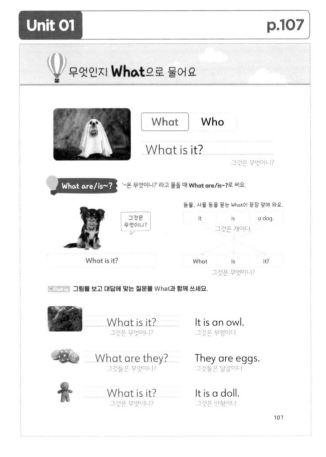

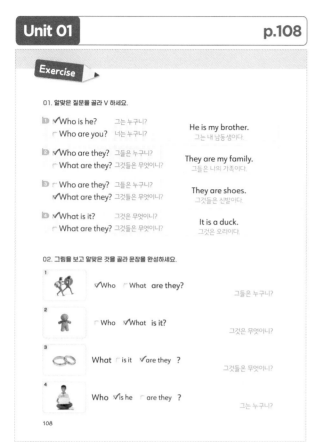

Exercise

01. 알맞은 질문을 골라 V 하세요.

ⓐ ✓Who is he?   그는 누구니?
  ☐ Who are you?   너는 누구니?
                                    He is my brother.
                                    그는 내 남동생이다.

ⓑ ✓Who are they?   그들은 누구니?
  ☐ What are they? 그것들은 무엇이니?
                                    They are my family.
                                    그들은 나의 가족이다.

ⓒ ☐ Who are they?   그들은 누구니?
  ✓What are they?   그것들은 무엇이니?
                                    They are shoes.
                                    그것들은 신발이다.

ⓓ ✓What is it?   그것은 무엇이니?
  ☐ What are they? 그것들은 무엇이니?
                                    It is a duck.
                                    그것은 오리이다.

02. 그림을 보고 알맞은 것을 골라 문장을 완성하세요.

1 ✓Who ☐What are they?
                                    그들은 누구니?

2 ☐Who ✓What is it?
                                    그것은 무엇이니?

3 What ☐is it ✓are they ?
                                    그것들은 무엇이니?

4 Who ✓is he ☐are they ?
                                    그는 누구니?

108

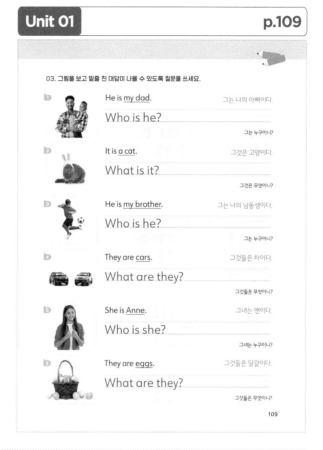

03. 그림을 보고 밑줄 친 대답이 나올 수 있도록 질문을 쓰세요.

ⓐ He is my dad.   그는 나의 아빠이다.
    Who is he?
                                          그는 누구이니?

ⓑ It is a cat.   그것은 고양이다.
    What is it?
                                          그것은 무엇이니?

ⓒ He is my brother.   그는 나의 남동생이다.
    Who is he?
                                          그는 누구이니?

ⓓ They are cars.   그것들은 차이다.
    What are they?
                                          그것들은 무엇이니?

ⓔ She is Anne.   그녀는 앤이다.
    Who is she?
                                          그녀는 누구이니?

ⓕ They are eggs.   그것들은 달걀이다.
    What are they?
                                          그것들은 무엇이니?

109

02 언제인지 When으로 물어요

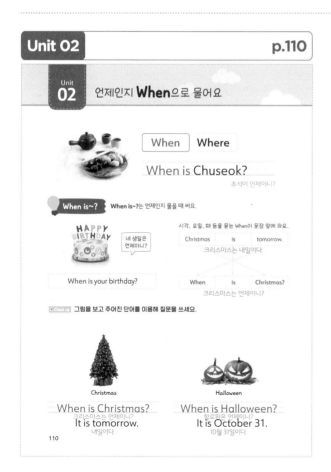

When │ Where

When is Chuseok?
추석이 언제이니?

When is~?   When is~?는 언제인지 물을 때 써요.

HAPPY BIRTHDAY   네 생일은 언제이니?

시각, 요일, 때 등을 묻는 When이 문장 앞에 와요.

| Christmas | is | tomorrow. |
크리스마스는 내일이다.

When is your birthday?

| When | is | Christmas? |
크리스마스는 언제이니?

그림을 보고 주어진 단어를 이용해 질문을 쓰세요.

Christmas
When is Christmas?
크리스마스는 언제이니?
It is tomorrow.
내일이다.

Halloween
When is Halloween?
할로윈은 언제이니?
It is October 31.
10월 31일이다.

110

어디인지 Where로 물어요

When │ Where

Where is the book?
그 책은 어디에 있니?

Where is~?   Where is~?는 장소를 물을 때 써요.

네 개는 어디에 있니?

장소를 묻는 Where이 문장 앞에 와요.

| The book | is | on the table. |
그 책은 탁자 위에 있다.

Where is your dog?

| Where | is | the book? |
그 책은 어디에 있니?

그림을 보고 주어진 단어를 이용해 질문을 쓰세요.

the cat
Where is the cat?
그 고양이는 어디에 있니?
It is under the book.
그것은 책 아래에 있다.

the toy
Where is the toy?
그 장난감은 어디에 있니?
It is under the bed.
그것은 침대 아래에 있다.

111

167

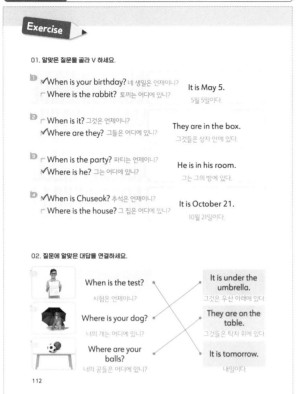

Exercise

01. 알맞은 질문을 골라 V 하세요.

1. ☑ When is your birthday? 네 생일은 언제이니?
   ☐ Where is the rabbit? 토끼는 어디에 있니?
   It is May 5.
   5월 5일이다.

2. ☐ When is it? 그것은 언제이니?
   ☑ Where are they? 그들은 어디에 있니?
   They are in the box.
   그것들은 상자 안에 있다.

3. ☐ When is the party? 파티는 언제이니?
   ☑ Where is he? 그는 어디에 있니?
   He is in his room.
   그는 그의 방에 있다.

4. ☑ When is Chuseok? 추석은 언제이니?
   ☐ Where is the house? 그 집은 어디에 있니?
   It is October 21.
   10월 21일이다.

02. 질문에 알맞은 대답을 연결하세요.

When is the test? 시험은 언제이니?
Where is your dog? 너의 개는 어디에 있니?
Where are your balls? 너의 공들은 어디에 있니?

It is under the umbrella. 그것은 우산 아래에 있다.
They are on the table. 그것들은 탁자 위에 있다.
It is tomorrow. 내일이다.

112

03. 그림을 보고 밑줄 친 대답이 나올 수 있도록 질문을 쓰세요.

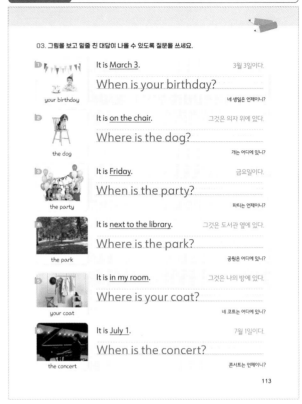

your birthday
It is March 3. 3월 3일이다.
When is your birthday? 네 생일은 언제이니?

the dog
It is on the chair. 그것은 의자 위에 있다.
Where is the dog? 개는 어디에 있니?

the party
It is Friday. 금요일이다.
When is the party? 파티는 언제이니?

the park
It is next to the library. 그것은 도서관 옆에 있다.
Where is the park? 공원은 어디에 있니?

your coat
It is in my room. 그것은 나의 방에 있다.
Where is your coat? 네 코트는 어디에 있니?

the concert
It is July 1. 7월 1일이다.
When is the concert? 콘서트는 언제이니?

113

Unit 03 가격은 **How much**로 물어요

How much / How many

How much is it?
그것은 얼마니?

How much~? '그것은 얼마이니?'라고 물을 때 How much is it?으로, '그것들은 얼마이니?'는 How much are they?로 써요.

그것들은 얼마인가요?

How much are they?

가격에 대한 답은 백, 천 단위로 자주 말해요.

숫자 + hundred	100 one hundred 백	500 five hundred 오백
숫자 + thousand	1,000 one thousand 천	5,000 five thousand 오천

Check up 그림을 보고 주어진 단어를 이용해 질문을 쓰세요.

How much is it? 그것은 얼마니?
It is 3,000won. 그것은 3천 원이다.

How much are they? 그것들은 얼마니?
They are 4,000won. 그것들은 4천 원이다.

114

개수는 **How many**로 물어요

How much / How many

How many dogs are there?
개가 몇 마리 있니?

How many~? '~가 몇 개이니?'는 <How many + 명사~?>로 말해요.

사과가 몇 개 있니?

How many 다음에는 복수의 명사가 와요.

How many / toys cats pencils books / are there?
장난감/고양이/연필/책이 몇 개 있니?

How many apples are there?

Check up 그림을 보고 주어진 단어를 이용해 질문을 쓰세요.

How many eggs are there? 달걀이 몇 개 있니?
Two eggs. 달걀 두 개

How many children are there? 어린이들이 몇 명 있니?
Three children. 어린이 세 명

115

168

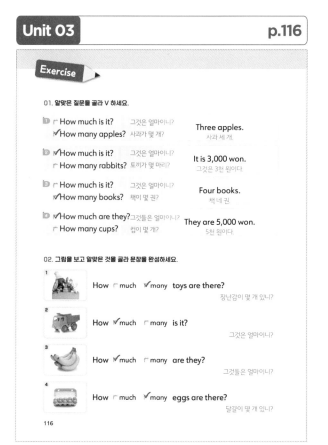

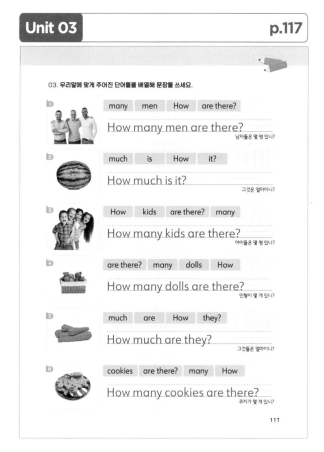

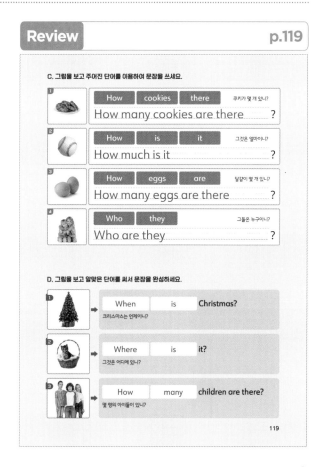

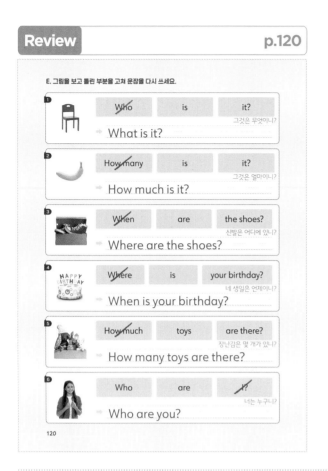

Part 2 Unit 01

단어 쓰기 Go, Go!

단어		우리말		단어	우리말
pilot	pilot	조종사	friend	friend	친구
doctor	doctor	의사	penguin	penguin	펭귄
small	small	작은	flower	flower	꽃
chef	chef	요리사	brother	brother	남동생

문장 쓰기 Go, Go!

1. 나는 조종사이다. → I am a pilot.
2. 우리는 의사이다. → We are doctors.
3. 너는 작다. → You are small.
4. 그는 요리사이다. → He is a chef.
5. 그녀는 내 친구이다. → She is my friend.
6. 그것들은 펭귄이다. → They are penguins.
7. 그 꽃은 장미이다. → The flower is rose.
8. 그는 나의 남동생이다. → He is my brother.

125

Part 2 Unit 02

단어 쓰기 Go, Go!

단어		우리말		단어	우리말
scientist	scientist	과학자	baker	baker	제빵사
soldier	soldier	군인	firefighter	firefighter	소방관
swimmer	swimmer	수영 선수	crayon	crayon	크레용
pet	pet	애완동물	tennis player	tennis player	테니스 선수

문장 쓰기 Go, Go!

1. 그는 과학자이다. → He is a scientist.
2. 그녀는 군인이다. → She is a soldier.
3. 그들은 수영 선수들이다. → They are swimmers.
4. 그것은 나의 애완동물이다. → It is my pet.
5. 그녀는 제빵사이다. → She is a baker.
6. 그들은 소방관들이다. → They are firefighter.
7. 그것들은 크레용들이다. → They are crayons.
8. 그는 테니스 선수이다. → He is a tennis player.

126

Part 2 Unit 03

단어 쓰기 Go, Go!

단어		우리말		단어	우리말
bottle	bottle	병	umbrella	umbrella	우산
hat	hat	모자	table	table	탁자
desk	desk	책상	room	room	방
sofa	sofa	소파	tree	tree	나무

문장 쓰기 Go, Go!

1. 그것은 병 안에 있다. → It is in the bottle.
2. 그것은 모자 위에 있다. → It is on the hat.
3. 그것들은 책상 아래에 있다. → They are under the desk.
4. 그것은 소파 위에 있다. → It is on the sofa.
5. 그것들은 우산 아래에 있다. → They are under the umbrella.
6. 그들은 탁자 위에 있다. → They are on the table.
7. 그들은 방 안에 있다. → They are in the room.
8. 그것은 나무 아래에 있다. → It is under the tree.

127

Part 3 Unit 01

단어 쓰기 Go, Go!

단어		우리말		단어	우리말
big	big	큰	happy	happy	행복한
fast	fast	빠른	angry	angry	화가 난
slow	slow	느린	pretty	pretty	예쁜
long	long	긴	cute	cute	귀여운

문장 쓰기 Go, Go!

1. 그것들은 크다. → They are big.
2. 말들은 빠르다. → Horses are fast.
3. 그는 느리다. → He is slow.
4. 그것은 길다. → It is long.
5. 나는 행복하다. → I am happy.
6. 그는 화났다. → He is angry.
7. 그녀는 예쁘다. → She is pretty.
8. 토끼들은 귀엽다. → Rabbits are cute.

128

Part 3 **Unit 02**

단어 쓰기 Go, Go!

단어		우리말		단어		우리말
hungry	hungry	배고픈	dirty	dirty	더러운	
full	full	배부른	clean	clean	깨끗한	
hot	hot	뜨거운	old	old	낡은	
heavy	heavy	무거운	new	new	새로운	

문장쓰기 Go, Go!

1. 그녀는 배고프다. ➡ She is hungry.
2. 그는 배부르다. ➡ He is full.
3. 그것은 뜨거운 차이다. ➡ It is hot tea.
4. 그것은 무거운 가방이다. ➡ It is a heavy bag.
5. 그것들은 더러운 신발이다. ➡ They are dirty shoes.
6. 그것들은 깨끗한 신발이다. ➡ They are clean shoes.
7. 그것은 낡은 셔츠이다. ➡ It is an old shirt.
8. 그것은 새 셔츠이다. ➡ It is a new shirt.

129

Part 3 **Unit 03**

단어 쓰기 Go, Go!

단어		우리말		단어		우리말
slowly	slowly	느리게	sadly	sadly	슬프게	
loudly	loudly	시끄럽게	fast	fast	빠르게	
happily	happily	행복하게	late	late	늦게	
quickly	quickly	빠르게	high	high	높게	

문장쓰기 Go, Go!

1. 그들은 천천히 걷는다. ➡ They walk slowly.
2. 그들은 시끄럽게 노래한다. ➡ They sing loudly.
3. 우리는 행복하게 춤춘다. ➡ We dance happily.
4. 그것들은 재빠르게 움직인다. ➡ They move quickly.
5. 그는 슬프게 운다. ➡ He cries sadly.
6. 그것들은 빠르게 달린다. ➡ They run fast.
7. 그는 늦게 온다. ➡ He comes late.
8. 그들은 높게 점프한다. ➡ They jump high.

130

Part 4 **Unit 01**

단어 쓰기 Go, Go!

단어		우리말		단어		우리말
study	study	공부하다	wash	wash	씻다	
make	make	만들다	go	go	가다	
smell	smell	냄새맡다	eat	eat	먹다	
watch	watch	보다	drink	drink	마시다	

문장쓰기 Go, Go!

1. 나는 밤에 공부한다. ➡ I study at night.
2. 그들은 점심을 만든다. ➡ They make lunch.
3. 우리는 꽃 냄새를 맡는다. ➡ We smell flowers.
4. 그는 TV를 본다. ➡ He watches TV.
5. 그녀는 손을 씻는다. ➡ She washes her hands.
6. 그는 학교에 간다. ➡ He goes to school.
7. 나는 피자를 먹는다. ➡ I eat pizza.
8. 그들은 우유를 마신다. ➡ They drink milk.

131

Part 4 **Unit 02**

단어 쓰기 Go, Go!

단어		우리말		단어		우리말
money	money	돈	live	live	살다	
need	need	필요하다	work	work	일하다	
wear	wear	입다(쓰다)	ride	ride	타다	
mask	mask	마스크	wing	wing	날개	

문장쓰기 Go, Go!   * do not은 don't로 써도 됩니다.

1. 나는 돈을 갖고 있지 않다. ➡ I do not have money.
2. 너는 의자가 필요하지 않다. ➡ You do not need a chair.
3. 우리는 모자를 쓰지 않는다. ➡ We do not wear hats.
4. 그들은 마스크를 쓰지 않는다. ➡ They do not wear masks.
5. 그것들은 거기에 살지 않는다. ➡ They do not live there.
6. 나는 학교에서 일하지 않는다. ➡ I do not work at a school.
7. 그들은 자전거를 타지 않는다. ➡ They do not ride bikes.
8. 우리는 날개를 갖고 있지 않다. ➡ We do not have wings.

132

172

Part 4 **Unit 03**

단어 쓰기 Go, Go!

단어		우리말	단어		우리말
fish	fish	물고기	move	move	움직이다
cook	cook	요리하다	sleep	sleep	자다
want	want	원하다	tail	tail	꼬리
fix	fix	고치다	dinner	dinner	저녁식사

문장쓰기 Go, Go!

*does not은 doesn't로 써도 됩니다.

1. 그는 생선을 먹지 않는다. ➡ He does not eat fish.
2. 그녀는 요리를 잘 못한다. ➡ She does not cook well.
3. 그는 김치를 원하지 않는다. ➡ He does not want kimchi.
4. 그녀는 차를 수리하지 않는다. ➡ She does not fix a car.
5. 그것은 빠르게 움직이지 않는다. ➡ It does not move fast.
6. 그것들은 밤에 자지 않는다. ➡ They do not sleep at night.
7. 그것은 꼬리를 갖고 있지 않다. ➡ It does not have a tail.
8. 나는 저녁을 만들지 않는다. ➡ I do not make dinner.

133

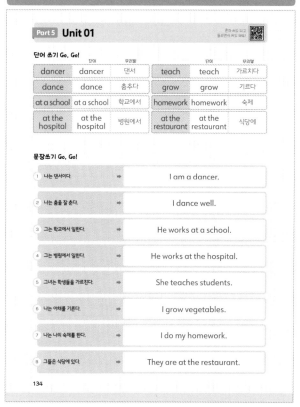

Part 5 **Unit 01**

단어 쓰기 Go, Go!

단어		우리말	단어		우리말
dancer	dancer	댄서	teach	teach	가르치다
dance	dance	춤추다	grow	grow	기르다
at a school	at a school	학교에서	homework	homework	숙제
at the hospital	at the hospital	병원에서	at the restaurant	at the restaurant	식당에

문장쓰기 Go, Go!

1. 나는 댄서이다. ➡ I am a dancer.
2. 나는 춤을 잘 춘다. ➡ I dance well.
3. 그는 학교에서 일한다. ➡ He works at a school.
4. 그는 병원에서 일한다. ➡ He works at the hospital.
5. 그녀는 학생들을 가르친다. ➡ She teaches students.
6. 나는 야채를 기른다. ➡ I grow vegetables.
7. 나는 나의 숙제를 한다. ➡ I do my homework.
8. 그들은 식당에 있다. ➡ They are at the restaurant.

134

Part 5 **Unit 02**

단어 쓰기 Go, Go!

단어		우리말	단어		우리말
candy	candy	사탕	glasses	glasses	안경
English	English	영어	ear	ear	귀
piano	piano	피아노	drive	drive	운전하다
breakfast	breakfast	아침식사	live in	live in	~에 살다

문장쓰기 Go, Go!

1. 너는 사탕들을 좋아하니? ➡ Do you like candies?
2. 그는 영어를 공부하니? ➡ Does he study English?
3. 그녀는 피아노를 연주하니? ➡ Does she play the piano?
4. 그들은 아침을 만드니? ➡ Do they make breakfast?
5. 그는 안경을 쓰니? ➡ Does he wear glasses?
6. 그것들은 긴 귀를 갖고 있니? ➡ Do they have long ears?
7. 너는 차를 운전하니? ➡ Do you drive a car?
8. 그것은 물에 사니? ➡ Does it live in water?

135

Part 5 **Unit 03**

단어 쓰기 Go, Go!

단어		우리말	단어		우리말
read	read	읽다	robot	robot	로봇
fly	fly	날다	vegetable	vegetable	야채
pencil	pencil	연필	helmet	helmet	헬멧
carrot	carrot	당근	rose	rose	장미

문장쓰기 Go, Go!

1. 너는 책을 읽니? 응, 맞아. ➡ Do you read books? Yes, I do.
2. 그것은 높이 나니? 아니야. ➡ Does it fly high? No, it doesn't.
3. 그는 연필들을 원하니? 응, 맞아. ➡ Does he want pencils? Yes, he does.
4. 그것들은 당근을 먹니? 응, 맞아. ➡ Do they eat carrots? Yes, they do.
5. 그들은 로봇을 원하니? 아니야. ➡ Do they want robots? No, they don't.
6. 그는 채소를 재배하니? 아니야. ➡ Does he grow vegetables? No, he doesn't.
7. 그녀는 헬멧을 쓰니? 응, 맞아. ➡ Does she wear a helmet? Yes, she does.
8. 너는 장미들을 좋아하니? 응, 맞아. ➡ Do you like roses? Yes, I do.

136

173

Workbook | Part 6 - 01 p.137

Part 6 Unit 01

단어 쓰기 Go, Go!

단어		우리말	단어		우리말
quiet	quiet	조용한	touch	touch	만지다
open	open	열다	enter	enter	들어가다
sit down	sit down	앉다	close	close	닫다
stand up	stand up	일어나다	talk	talk	말하다

문장쓰기 Go, Go!

1 조용히 해라.	➡	Be quiet.
2 문을 열지 마라.	➡	Don't open the door.
3 앉아라.	➡	Sit down.
4 일어서라.	➡	Stand up.
5 그것을 만지지 마라.	➡	Don't touch it.
6 들어가지 마라.	➡	Don't enter.
7 문을 닫아라.	➡	Close the door.
8 여기서 말하지 마라.	➡	Don't talk here.

137

Workbook | Part 6 - 02 p.138

Part 6 Unit 02

단어 쓰기 Go, Go!

단어		우리말	단어		우리말
clean	clean	청소하다	buy	buy	사다
together	together	함께	swim	swim	수영하다
tennis	tennis	테니스	home	home	집
meet	meet	만나다	a computer game	a computer game	컴퓨터 게임

문장쓰기 Go, Go!

1 방 청소를 하자.	➡	Let's clean the room.
2 함께 공부하자.	➡	Let's study together.
3 테니스를 치자.	➡	Let's play tennis.
4 오늘 만나지 말자.	➡	Let's not meet today.
5 공을 사자.	➡	Let's buy a ball.
6 여기서 수영하지 말자.	➡	Let's not swim here.
7 집에 가자.	➡	Let's go home.
8 컴퓨터 게임을 하자.	➡	Let's play a computer game.

138

Workbook | Part 6 - 03 p.139

Part 6 Unit 03

단어 쓰기 Go, Go!

단어		우리말	단어		우리말
ski	ski	스키	help	help	돕다
write	write	쓰다	skate	skate	스케이트 타다
walk	walk	걷다	cello	cello	첼로
run	run	달리다	well	well	잘

문장쓰기 Go, Go!

1 나는 스키를 탈 수 있다.	➡	I can ski.
2 그는 쓸 수 없다.	➡	He can't write.
3 그녀는 걸을 수 없다.	➡	She can't walk.
4 그는 빠르게 달릴 수 있다.	➡	He can run fast.
5 그녀는 나를 도와줄 수 없다.	➡	She can't help me.
6 그들은 스케이트를 탈 수 있다.	➡	They can skate.
7 그는 첼로를 연주할 수 있다.	➡	He can play the cello.
8 나는 수영을 잘할 수 없다.	➡	I can't swim well.

139

Workbook | Part 7 - 01 p.140

Part 7 Unit 01

단어 쓰기 Go, Go!

단어		우리말	단어		우리말
shoes	shoes	신발	family	family	가족
sister	sister	여동생	cook	cook	요리사
owl	owl	부엉이	brother	brother	남동생
cat	cat	고양이	duck	duck	오리

문장쓰기 Go, Go!

1 그것들은 무엇이니?	➡	What are they?
1 그것들은 신발이다.	➡	They are shoes.
2 그녀는 누구이니?	➡	Who is she?
2 그녀는 나의 여동생이다.	➡	She is my sister.
3 그것은 무엇이니?	➡	What is it?
3 그것은 부엉이이다.	➡	It is an owl.
4 그는 누구이니?	➡	Who is he?
4 그는 나의 남동생이다.	➡	He is my brother.
5 그것들은 무엇이니?	➡	What are they?
5 그것들은 나의 오리이다.	➡	They are my ducks.

140

174

'공부 습관'이야말로 가장 큰 재능입니다.
재능많은영어연구소는 최고의 학습 효과를 내는
최적의 학습 플랜을 고민합니다.

소장 윤미영

경희대학교 영문학과와 같은 대학에서 석사학위를 받았습니다. 20여 년 동안 지학사, 디딤돌, 키 영어학습방법연구소, 롱테일 교육연구소에서 초등생과 중고생을 위한 영어 교재를 기획하고 만드는 일을 해 왔습니다. 베스트셀러인《문법이 쓰기다》,《단어가 읽기다》,《구문이 독해다》, 혼공 시리즈《혼공 초등 영단어》,《혼공 초등 영문법》, 바빠시리즈의《바빠 초등 필수 영단어》등을 집필했습니다.

초등영어 쓰기독립 영문법 스타터 2

1판 1쇄 발행일 2024년 9월 23일

지은이 재능많은영어연구소
발행인 김학원
발행처 휴먼어린이
출판등록 제313-2006-000161호(2006년 7월 31일)
주소 (03991) 서울시 마포구 동교로23길 76(연남동)
전화 02-335-4422 **팩스** 02-334-3427
저자·독자 서비스 humanist@humanistbooks.com
홈페이지 www.humanistbooks.com
유튜브 youtube.com/user/humanistma **포스트** post.naver.com/hmcv
페이스북 facebook.com/hmcv2001 **인스타그램** @human_kids

편집주간 황서현 **편집** 이서현 김혜정 **원어민 검토** Sherwood Choe
표지 디자인 유주현 **본문 디자인** PRISM C **음원 제작** 109Sound
용지 화인페이퍼 **인쇄** 삼조인쇄 **제본** 해피문화사

ⓒ 재능많은영어연구소·윤미영, 2024

ISBN 978-89-6591-591-1 64740
ISBN 978-89-6591-589-8 64740(세트)